脫單必看的愛情避坑指南！

好女人的情場攻略

知名Podcast兩性情感導師
路隊長—著

推薦序一

活出一個更好版本的自己！

《內在原力》作者、TMBA 共同創辦人　**愛瑞克**

拜讀完此書，我驚覺：這不只是一本談兩性或戀愛學的心理勵志書而已，更是一本實用的人生高效運用指南！

許多人在情場上不順遂，在婚姻中觸礁，事實上往往不是表象上所看到的問題，而是根源自內心的舊習、思維以及價值觀而衍生出來的結果。這些舊有的思維以及習慣，會讓人們不斷反覆陷入相同的困境，然後說這是「命運」。

其實命運都可以改寫，因為那是「果」；如果我們將「因」改變了，自然會產生不同的「果」。但是，我們常聽說「種什麼因，得什麼果。」並不完全正確，真實世界裡並不是每一顆種子都會結成果，而是需要播種在對的土地，有陽光、空氣、水，加上時間的醞釀才行。

一顆種子長大成樹，到最後開花結果的過程中，土壤、陽光、空氣和水就是必要的「緣」。有因，還要有緣，才會有果。而您手上這一本《好女人的情場攻略》就是從源頭去修改你的「因」，並且指導如何正確下手，去施以必要的「緣」，那麼最後必可得更好的「果」。

此書的一大特色，就是探討面向既深且廣，有扎實的學理基礎、清楚簡潔的說理，加上生動活潑的實例；此外，金句連連，好記、好用，使得整本書讀來輕快，又很容易消化、吸收。

我認為，無論是女性或男性，都適合看這一本書，透過路隊長的引路，不僅在情場順利，更能活出一個更好版本的自己！

推薦序一

男人才難懂好嗎？

作家、YouTuber **丹妮婊姐**

動漫《路人超能100》的男主角是個國中男生，也就是思春期，他夢想是了解女生的心思，然後才能把到暗戀的女生。

我想說，我們也很想了解男生的心思好嗎？男生才難了解！男人難懂程度是女人的3億倍，所以不要再說女生很難懂了！而路隊長的存在，就是為了幫助女性同胞們了解超複雜的男人。（哈哈哈哈哈阿！）

由於本人身為「談戀愛滑鐵盧博士」，所以開始想要大量增進自己的戀愛知識，但到底為何學校沒教⁉這很重要！雖然很多人天生很會談戀愛，但可惜剛好老母沒生給我！

在吸收知識的這段旅程上，很幸運地聽到了路隊長的 podcast，我覺得真是華文世界兩性專題的寶藏，因為我之前長期看的都是國外的男性專家，英文是聽得懂啦，但很多事情有文化差異，所以最好還是由華人男人出發會更好。

但整個華文圈很少由男性角度出發，然後非常實際知識的兩性專家，因為我最痛恨廣泛的兩性專家，例如你很棒、你變好自然就會遇到好的對象，這真是狗屁，我也覺得我很值得雷神索爾啊，但我還是沒遇到索爾～（哈哈哈哈阿！）

想要幸福的女性，路隊長的新書，會是你戀愛路上的的一個寶庫，希望一起幸福！

推薦序一

一起成就更好的自己

人氣 Podcast《粉紅地獄辛辣麵》&《大叔診聊室》主持人 **Vito 大叔**

很多年前第一次認識路隊長的時候，我就覺得眼前的這個男人很特別，將來一定能夠成為一位響噹噹的大人物。

果不其然，多年後他創辦了改變無數男女命運的「非誠勿擾快速約會」、以及目前台灣最受歡迎的兩性主題 Podcast 節目《好女人的情場攻略》，透過 O2O 線上線下的方式虛實整合，除了寫下了交友產業的全新篇章、更成為了一位家喻戶曉的知名節目主持人！

身為【大叔診聊室】的主理人，我很榮幸地獲邀參與路隊長節目多次的錄製，以失戀專家的身份跟好女人們分享了談職場愛情的訣竅、以及如何走出分手傷痛的祕訣。

只要你這輩子談過的戀愛夠多，你就會發現分手真的沒什麼了不起的，「下一個男（女）人會更好」絕對不是拿來騙人的口號而已，而是宇宙安排好充滿恩典的愛情劇本。

在這本書裡，收錄了《好女人的情場攻略》節目開播至今六百多集中最精華的內容，除了可以當成脫單的戀愛工作書使用，更可以作為兩性關係的心理勵志小品閱讀。十三位身經百戰的戀愛軍師們不外傳的祕技，都一次替你整理寫好在這兒了。

祝福每一位好女人、好男人們，都能透過閱讀本書的過程，在愛情的路上不再感到迷惘。除了別踩坑、也少繞冤枉路，幸運遇見心目中的理想型、一起成就更好的自己。

推薦序一

在愛情中遇見更美好的自己！

溝通表達培訓師　張忘形

老實說，我寫推薦序的時侯其實是不太開心的，但我卻為這本書的讀者開心，如果你想知道為什麼，我想邀請你一起來思考一些問題。

市場上寫兩性的書其實非常多，但每一本書，是不是都是老師個人的經驗，價值觀，或是對愛情的想像呢？

我想應該是的，我想每個老師都有他的強項，但我們也可以思考，每位老師也有他的弱項。有些老師很會經營關係，但可能不擅長搭訕。也有老師很擅長信念的調整，但可能不擅長曖昧。有老師很擅長曖昧，但說不定不太會處理分手。

然而，如果有一本書，能夠整理各個戀愛老師的優勢，你會不會覺得會更全面，更有收獲呢？而如果你覺得是，那麼這本書就是你最棒的選擇。作者路隊長經營 podcast《好女人的情場攻略》好幾年了，藉由每天的採訪與互動，累積了超級大量的經驗值。

他把各種名家精華，內化成自己的想法，搭配循序漸進的內容，從認識自己，調整內在。到談戀愛前的吸引與曖昧，戀愛中如何與對方溝通。甚至是如果分手了，該如何好好說再見，一次都收錄給你。

所以我不開心的原因，是因為我也上過節目，也自認為內容不錯，但卻沒有被收錄在這本書中。但為你開心的原因，是因為這本書的內容真的都是經過精挑細選的。

相信你看完這本書後，會更相信愛情，並且在愛情中遇見更美好的自己！

前言一

愛情，究竟是怎麼一回事？

「大家好，我是你們的主持人路隊長。相信愛情，所以讓我們在這裡相聚。在愛情裡，成為更好的自己，遇見你的理想型。」

無論你是因為《好女人的情場攻略》這個 Podcast 節目而知道這本書，或是因為其他原因，剛好翻開了這本書，我都非常開心能與你相遇在這裡。我相信，你會在這個時刻讀到這本書，絕對不只是「巧合」，或許，宇宙正想要透過這本書，對你說說話。

什麼樣的人適合服用此書呢？

我覺得以下三種人非常適合：

● 情場失意的人

失戀的人經常會陷入自我否定的狀態，極度想找一個「答案」，想知道自己看待愛情時，可能發生的盲點，或者想更了解愛情、了解男人，甚或是想明白何謂愛情市場？這本書，正好能解答以上這些問題。

● 想更認識自己，讓自己變得更好的人

「想談好戀愛，最重要的是先了解自己要什麼。」這本書不只談戀愛技巧和兩性議題，更多的是關於「自我成長」的議題，在第一章就開門見山，談到「『認識自己』才能遇見真正的理想愛情」。

● 想要相信愛情，找到屬於自己幸福的人

當然，我寫這本書最大的目標，是希望幫助每個人找到屬於自己的幸福。而這本書，或許就是你的愛情教學手冊，解決愛情的各種疑難雜症。最重要的就是破除「限制性信念」，不要因為一次的失戀挫敗，就完全封閉自己，失去信心。

此書送給迷惘中的好女人們

《好女人的情場攻略》是一個針對女性所打造的 Podcast 兩性節目，我們也延續作為此本新書書名。

從二〇二〇年三月至今，已經錄製超過六百多集Podcast，每日更新，邀請超過一百位來賓。在這三年中，我和這群軍師在節目中提供多元且實用的戀愛知識，不只是「戀愛技巧」，也包括認識自己、自我成長等等各種多元觀點，幫助大家在愛情這條路上不再迷惘，活出最好的自己！

很幸運地，受到廣大好女人&好男人的喜愛（我們節目總是習慣這麼稱呼他們），至今收聽下載次數已經超過八百萬次；很多好女人常常來信鼓勵、感謝我們，大家總說，如果能早點聽到這個節目就好了，可以少走很多彎路。

這本《好女人的情場攻略》以主題分類，整理節目內容，讓大家可以更容易學習，究竟「愛情是什麼？」、「如何從愛情中認識自己」、「男人到底是什麼生物」以及「失戀的解方」……各種關於愛情和人生的實用知識。

在本書的每個篇章最後，我們都補充了建議收聽的集數，你可以一邊看書一邊收聽節目。也就是說，本書是節目的濃縮精華，總結了我曾訪問超過一百多位來賓的心得，以解構自己內心的方式，期待幫助好女人，甚至是好男人們解惑，在情場上迷惘的時候該怎麼辦？透過一步一步地吸收多元豐富的觀點與知識，去創造屬於自己的幸福藍圖。

你是「好女人」嗎？由你說了算

雖然這本書叫做《好女人的情場攻略》，但無論是在節目中，或這本書中，我從來沒有告訴聽眾何謂「好女人」。因為，這個社會已經帶給我們太多太多的框架。我期盼，透過節目裡訪談這幾百位來賓、上百種不同的觀點，能給你一點點啟發，由你自己來定義你心目中的「好女人」。

「好女人」可以不同於過去的刻板印象，應該是一個全新定義。

最後，想告訴全天下的好女人們，只有當你足夠愛自己了，別人才會被你吸引，也將會來愛你。感情最終仍是要回歸到「愛」本身：如何去愛人、接受別人的愛、怎樣去愛、如何去理解不同類型的男生，以及最重要的是，如何在每次挫敗之後，仍記得愛自己、相信自己、不要放棄。

現在，邀請你翻開書，跟著我，開始這趟精彩的學習旅程吧！

目錄
content

chapter 1
「認識自己」，才能遇見理想愛情

chapter 2

好想談戀愛！如何開啟一段親密關係？

chapter 3

分手其實不可怕，優雅轉身、讓愛自由

chapter 4

你真的「懂」他嗎？通用版男人使用說明書

《好女人的情場攻略》節目至今已經訪問超過 100 位來賓，製作了超過 600 集的內容。我發現，兩性相處一切的技術都可以學習，但前提是，如果我們自己不主動調整心態，即使學會再多撩男、把妹技巧，也無法獲得幸福美滿的理想愛情。

「認識自己」是遇見愛情的第一步，也是最重要的一步。在這一章，我將帶大家以剖析自我，透過信念、潛意識、自信提升和內在小孩等各種面向，重新認識自我、做自己、愛自己，幫助你找到理想的愛情。

chapter 1

「認識自己」，
才能遇見理想愛情

CLASSIC QUOTATION

好女人
金句

運氣不好總是遇見渣男？

你的「內在愛情劇本」，
在你十八歲以前就已經定稿了。

01／改寫原廠設定的「內在愛情劇本」

他是對的人嗎？如何才能遇到 Mr Right？

「為什麼我每次都遇到愛劈腿的渣男？」

「為什麼我總是遇到喜歡說謊、暴力的男人呢？」

在愛情路上總是跌跌撞撞的你，是否曾經這樣反問過自己呢？其實，之所以會如此，不是因為你不夠好、不夠美，或運氣比較差，而是你沒有看出自己的「內在愛情劇本」出問題了。

所謂的「內在愛情劇本」是一種隱藏在潛意識中的信念，原則上這套劇本在你十八歲以前，就已經完全定稿了。例如：如果從小生長在一個容易吵架的原生家庭，你或許就會覺得「吵架」代表一種愛與溝通的方式，因而在未來的潛移默化中，可能經常會與伴侶爭吵，但這時，如果是遇到一位不認為爭吵是一種愛或溝通方式的人，兩人的關係自然就無法長久維持下去：一人會覺得吵完就好，另一人則被每日的爭吵，搞得筋疲力竭。

我們的內在愛情劇本，除了受到原生家庭的影響之外，也會受到大眾媒體，諸如偶像劇、言情小說或童話故事的影響。比如說，我們從小受到童話故事的影響，認為在愛情之中，不用面對任何困難，就會是Happy Ending；就是會有一位王子來拯救一位公主，兩人從來沒有爭吵，一直過著幸福快樂的日子。

但是童話故事中省略了太多「真實生活」的情節，相愛的兩人，一定會有爭吵的時刻，然而，若你的內在劇本就是一種童話故事的設定：相愛的兩人不會爭吵，如果發生爭吵就是不對的人，那麼，當你與伴侶發生爭吵時，自然就會覺得這個人不是對的人，因而不願意去解決爭吵的問題來源，而是直接選擇放棄。

事實上，根據研究發現，當我們還是在母親肚子裡的胎兒時，就會被這種潛意識信念所影響。親密關係專家「Lily曾慧俐老師」曾分享一位朋友的故事，她上一次談戀愛已經是十年前了，雖然這十年間也遇過不錯的對象，但每次要開始更進一步交往時，她都會感到退縮，擔心對方不忠誠。後來，透過內在愛情劇本的自我覺察後發現，她之所以對愛情有這樣的信念，是因為媽媽在懷孕時，經常懷疑爸爸外遇不忠誠（即便沒有任何證據，後來事實證明也沒有發生），但是當時母親總對著還在肚子裡的她碎碎念。這個潛意識影響她長大成人後，很難對他人產生信任感，不但不容易走進男女感情裡，即便開始了一段關係，也經常會因為猜忌、懷疑對方而不了了之。

現在開始！改寫你的「愛情原廠設定」

這樣聽起來結局似乎早在出生前就寫好了。那麼我的內在愛情原廠設定如果一開始就是悲劇，難道就得一輩子孤獨嗎？當然不是！無論到了幾歲，你永遠都可以改寫自己的愛情劇本，成為自己人生偶像劇中永遠的女一。

至於具體作法，首先要有「自我覺察」的意識，亦即，必須先發現問題出在哪裡；先有意識每段關係的不歡而散或無疾而終，都不僅是「兩人不合」這麼單純的原因，一定隱含了更多未知。因此，將自己每一段的戀愛史寫下來非常重要。為什麼寫下來很重要？因為寫下來才能「看出」問題的癥結，而不是在腦袋空想。透過書寫和再次閱讀，才能確實揪出問題，比如說：每次分手理由都是懷疑對方劈腿、每一段關係的對象都是媽寶、總是愛上遠距離對象等等。

把自己的戀愛史寫下來，再藉由第三方的角度去看，才能以一種全知視角（就像在看偶像劇或閱讀愛情小說那樣）看出你的內在愛情劇本，是喜是悲。

接著，如果不想當悲劇的永遠女一，也可以試著利用文字或圖像，「想像」自己幸福快樂的模樣，就能成功改寫劇本。**「想像力」聽來雖然很玄妙，但它是人類的最佳武器。透過想像力寫下正向美好願景，改寫悲劇劇本。**

這個方法，也就是「吸引力法則」。所謂的「物以類聚」，當你期盼和什麼樣的人在一起時，最重要的就是先把自己變成那樣的人。但前提是，必須先找出、發現問題，才能避免重蹈覆轍。一旦認知其問題所在，你才有選擇權，有了選擇權之後就能掌握人生，從而在每段關係中活成真正的自己。

路隊長說

- 把每段戀愛史的過程寫下來，自我覺察，以全新視角發現問題癥結。
- 利用文字或圖像，「想像」自己幸福快樂的模樣，就能透過吸引力法則改變劇本。

戀愛軍團軍師介紹 #1

Who is Lily 老師？

Lily 曾慧俐老師曾經歷過第一任丈夫因病過世的人生低潮，透過不停地學習和自我成長，梳理出一整套完整的愛情心法和技法，並實際運用在自己的生活當中，重新擁有一個幸福家庭。

於是，藉由這套情場心法與攻略，Lily 老師所獨創的課程內容，已經幫助超過上百位女性找到生命中的 Mr.Right。Lily 老師深信：當妳越了解男女間的吸引力法則，就越能吸引到對的他。

FACEBOOK
Lily 曾慧俐的關係花園

好女人情場攻略節目建議收聽

S3_EP71

S1_EP02

S1_EP03

02／透過「吸引力法則」創造緣分

#愛情，真的會從天而降嗎？

相信大家都聽過「吸引力法則」吧？所謂的吸引力法則，說簡單一點就是「物以類聚」：擁有相似特質、相近信念的人會聚集在一起。換言之，如果你想遇見一個負責任的人，首先你應該使自己成為一個負責任的人；若你想和樂觀的人攜手一生，那麼你就要先成為一個樂觀的人。

這麼說或許有一點抽象，具體來說，要如何藉由「吸引力法則」獲得愛情呢？首先，要改變自己的「信念」。信念，是一種很神祕的力量。它會由內而外改變一個人的氣質；而只要改變自我對話的方式，就能改變潛意識，進而改變信念。

在節目中，我們曾邀請〈小紀老師的幸福學〉Podcast的主持人「小紀老師」

來跟我們分享吸引力法則，以及如何改寫信念和潛意識的方法。小紀老師具有NLP執行師、NAC溝通師，天賦諮詢師和DISC受訓講師的身分，更有數百人諮詢的實戰經驗。她的其中一位學員，也是《好女人情場攻略》Podcast節目的忠實聽眾隋隋，就是透過吸引力法則改變信念和潛意識，成功在六十天之後就遇到理想的他。

我想變成：吸引力十足的女人

談到吸引力法則，首先就要從引力開始談起！**引力的源頭來自於潛意識的相信，極致的相信會產生一股磁場能量，將相關的人事物吸引過來印證你的相信！所以要真正吸引來你要的，先要查明並破除阻止幸福的「限制性信念」**！以好女人忠實聽眾隋隋為例，她以前很排斥參加聯誼，因為總覺得男人很不可靠、很不負責任。

而當心中有這種信念時，即使強迫自己去參加聯誼或認識新朋友，其行為表現，也會表現出「我對你沒興趣」、「你很無聊」等對異性興趣缺缺的感覺；即使自己不這麼覺得，但因為你的信念支配了你的行為，所以依舊會在不知不覺中，散發出這樣的外在氣質。

接下來，為了突破限制性信念，必須讓潛意識有新的前進方向。**而列出「理想伴侶條件清單」，這是一種以終為始的潛意識重建法**。然而，在改寫潛意識時，先了解我們的潛意識聽不見「不要」，所以如果你的清單條件是：不抽菸、不喝酒和不要賭博，潛意識的焦點就會在抽菸、喝酒、賭博上，自然就會被這樣的人吸引。

因此，在列清單時要使用正面的詞彙，例如：個子高、有穩定的生活和工作等。但也不是列出清單就結束，而是要透過清單中的條件，去反思「為什麼」你會希望你的理想伴侶擁有這些條件，以及帶給你的感覺。

以隋隋為例，她希望對象要比她高，而她反思發現，是因為這樣靠在他身上時會有安全感；希望對方有穩定生活與工作，是因為不希望他負債（隋隋的原生家庭有負債的經驗，所以她總想著不要有負債的另一半，弔詭的是她交往的前男友都有負債，也因為這樣讓她從負債連結到覺得男人都是不可靠的）。由此可見，「感受」比「條件」更重要，而當我們具體寫下明確的理想清單時，不僅能查明限制性信念，也能同時釐清自己真正想要在愛情中，獲得的是什麼。

最後，就是「必須行動」。好女人們，整天待在家裡，另一半是不會從天上掉下來的。只要勇敢踏出舒適圈，並時時回頭看這份清單，努力去行動，理想對象就有機會在你意想不到的時間點出現。隋隋就是在改變信念和潛意識之後，參加了一場密室逃脫的聯誼，結果就在這場活動中遇見一位曾經看過她即興表演的人，兩人在這場聯誼之後就在一起了。各位聽了可能會說，這就是「緣分」吧！沒錯，這是緣分，但緣分是可以自行創造的，而善用吸引力法則就是一種自行創造緣分的方式！

外在世界是一個大宇宙，內在的自我則是一個小宇宙，當大宇宙和小宇宙的頻率對上了，就是緣分出現的時刻。

因此，我們需要將自己的內在小宇宙打理好，對於幸福藍圖有一個清晰的畫面和感受，這樣小宇宙的潛意識能量才能和大宇宙對上頻率，將你想要的吸引過來。在對頻的過程，有意識察覺「愛的初心」的本質是很重要的！例如，釐清自己究竟想在另外一半身上，獲得什麼樣的感受？是因為孤獨想要被愛，才希望有另一半？還是因為你充滿了愛所以想把這份愛分享出去？前者想要愛的源頭來自於對「愛的匱乏」，後者則是「愛的富足」！

這兩種初心所散發出去的吸引力是截然不同的，當源頭是匱乏時就會吸引到更多的匱乏：調整成富足的頻率後，就會吸引到富足有愛的人！調整信念其實很簡單，每天開始練習感謝和讚美自己，愛的感覺就會降臨到你的生活中，有了美好的感受就會有所期待，行動力就會自然而然產生。

心想事成是真的，一直想著它、產生美好的畫面，就會成真。但前提是自己的想法，是否在對的位置，如果一直是處於負面思維，吸引而來的就不會是自己心中的理想伴侶。最後，雖然有點老生常談，但最重要的是要時常保持一顆感謝的心，就更容易心想事成了。

路隊長說

- 改變信念，就會改變行動，進而吸引到對的人。
- 緣分可以自行創造，但必須先破除限制性信念，並寫下理想伴侶清單，最後，最重要的就是「行動」。
- 心想事成，但不要只是空想，而是把願望和理想伴侶的條件具體寫下來，而且越詳細越好。
- 利用文字或圖像，「想像」自己幸福快樂的模樣，就能透過吸引力法則改變劇本。

戀愛軍團軍師介紹
#2

Who is **小紀老師**？

小紀老師擁有 NLP 執行師、NAC 溝通師、天賦諮詢師和 DISC 受訓講師的身份，更有數百人諮詢的實戰經驗。人生使命是幫助 1000 萬人得到 100 分的幸福人生！第一個 1 是身心的健康；第二個 0 是天賦的自由；第三個 0 是財務的自立！

「小紀老師的幸福學」想要做的是精準、有效、快速的幸福傳遞！透過 500 場的一對一諮詢，加上超過 400 場的公開講座，已經幫助數以千計的人們重拾幸福！

FACEBOOK
小紀老師的幸福學

Podcast
小紀老師的幸福學

好女人情場攻略節目建議收聽

S2_EP249

S2_EP109

S3_EP006

03／「潛意識」，就是你的愛情超能力

我們的思想分成兩個部分，一個是意識，另一個是潛意識。潛意識這個概念是由著名的心理學家西格蒙德・佛洛伊德首先提出的。意識透過推理和邏輯來行動；而潛意識，則是受感覺驅使的本能狀態。以冰山為例，露出水面的部分就是意識，而在冰山底下的巨大部分就是潛意識。**目前科學界普遍認為，人的行為舉止5%靠的是意識，卻有95%是潛意識的驅使。**

潛意識到底是從甚麼時候開始影響一個人的生命？從許多科學家的實驗證明，胎教確實是會影響孩子的情緒和性格。當媽媽懷孕時聽著優雅的古典音樂，懷著輕鬆的情緒，生出來的孩子情緒和個性都會比較穩定。相反地，如果媽媽處於焦慮的狀態，孩子相對比較容易失控爆哭和難帶。

前一篇提到的來賓——小紀老師，他曾經接受NLP（神經語言程式學，Neuro-Linguistic Programming）的執行師受訓時，協助一位同學做了潛意識的搜尋練習。不知為何，這位同學經常覺得自己是一個不值得擁有美好的人，而且常有不想活的念頭。在搜尋過程，有一個畫面進到他的腦海中，當時懷著他的母親，覺得他是一個麻煩，甚至想辦法打掉他三次。

雖然他還是被生了下來，卻在潛意識裡烙印了一個自己不值得活在世界上的信念！想想一個帶著這樣相信的人，對於自己的存在會有甚麼樣的感覺？這樣莫名的痛苦一直影響著他的生命，直到理解潛意識的信念力量，重新輸入「我值得存在」的新劇本和想法後，才慢慢感受到活著的意義和價值。

想像一下，我們的意識就像是一座冰山，冰山露出水面的一角，只能代表我們信念的一小部分，而大部分具有影響力的信念都存在於冰山之下，亦即不為人知的潛意識；根據研究，潛意識支配了我們將近90%的行動。世界潛能大師伯恩崔西曾說過：「潛意識的力量是意識的3萬倍。」所以當意識和潛意識抗衡時，情感面可以輕而易舉的打敗理智！

舉個簡單的例子來看看意識和潛意識運作差別：從意識層面的科學舉證，明明知道抽菸對身體有害，但是潛意識對於抽菸卻連結著放鬆或是快樂的情緒。每當面對是否抽菸的選擇時，潛意識輕而易舉地戰勝意識，馬上在腦中連結的是潛意識而非意識的信號，因此本能反應選擇「抽起一根煙，快樂似神仙」。

小紀老師曾在我們節目中，和我分享過一位諮詢個案的故事。這位個案已經六十歲，嫁到國外在婚姻中飽受家暴三十年，好不容易等到孩子都長大了，終於和先生離婚了。雖然離婚了，但她心中一直有一個聲音「我還值得幸福嗎？」因此，即便離了婚，她還是一直覺得很不快樂、不幸福。後來，透過小紀老師的幫助才發現，原來在她潛意識之中，一直存在「自己不值得」的信念，但並不是因為這段不幸的婚姻導致的，這正是她為什麼即便已經離開家暴丈夫了，仍始終無法感到幸福快樂的原因。

原來，這位個案在五歲的時候，因為被鄰居騷擾，又長期承受父母的打罵教育，無意間，她在自己的潛意識寫下了「自己不值得被愛」的方程式；這個潛意識也是後來導致她遇到家暴丈夫的原因。

根據小紀老師的諮詢經驗分享，**每個人的潛意識99.99%深受父母影響，也就是說：我們對自己的傷害大都源自於原生家庭的信念連結。**

這樣聽起來，是不是只要擁有了負面的潛意識，就一輩子都翻不了身？永遠都無法獲得幸福呢？當然不是！程式既然是被意念瞬間寫下的，當然也可瞬間改寫！上述的這位個案，和小紀老師一對一的諮詢後，察覺了她的負面潛意識程式，透過改寫當時的記憶和畫面，讓當時的小女孩把「我是不好的」置換成「我是美好的存在」。

潛意識是無法分辨甚麼是真或假，只要想的夠極致，就會被以為是真的。當潛意識相信你值得擁有愛，你的磁場和頻率就會瞬間轉換。這位個案就是透過新程式的改寫，在不到三個月的時間找到她的靈魂伴侶！

每個人透過潛意識的改寫，都可以翻轉自己的新人生！方法很簡單，就是要了解潛意識寫下程式的三個步驟！

一、重複：潛意識是一種本能反應，不斷地重複就會寫入。這也就是我們常聽到的習慣成自然！就像小時候背九九乘法表一樣，現在問你「五乘六」是多少，你應該都能快速回答出「三十」，這是因為我們已經重複背誦九九乘法表無數次，它就像烙印般深深刻在我們的腦海中，然後變成了本能反應。

二、連結：大腦是人體的決策指揮中心，所有的行動皆來自大腦的指令。我們的大腦就像電腦的運作原理，有許多編碼的記憶檔案。當需要反應時，神經元就會抓取過去的經驗連結，來決定要如何反應。例如：每次聽到少女的祈禱這首音樂，就是倒垃圾的時間了。當這樣的連結夠多次，自然會成為固定的腦神經迴路。所以每次聽到少女的祈禱音樂時，會自然聯想到垃圾車！

三、情緒狀態：一般來說，不斷的重複連結就會自然寫入潛意識的程式，變成一種本能反應。但是當伴隨著強烈的情緒時，只要發生一次，就會植入變成潛意識的語言程式。我經常在公開講座時問在場觀眾：你上週三午餐吃什麼？有趣的是大部分人會想不起來；但是如果請他們回想一件在國小發生的事情，幾乎所有人都能在1分鐘之內想到！為什麼一個星期前的事不記得，但是數年前的事卻仍留在腦海中且可以瞬間提取？這當中的關鍵差異就在：情緒！

從我們眼睛看見的世界，再到腦中的記憶存檔，每天都有數萬個資訊量在進行著。我們的腦子不會照單全收的輸入、存檔，而是根據「情緒」強度當作記憶的過濾網。如果當下沒有情緒，就得透過不斷的重複才能寫進潛意識。可是當強烈的情緒發生時，不管是快樂還是痛苦，腦中的記憶連結神經元會瞬間啟動，馬上紀錄這個腦神經迴路。所以，伴隨著強烈的情緒，即使只發生一次，也會被寫入潛意識的程式。

這裡的「情緒」，指的是極度的狀態，像是極度開心或極度悲傷。小紀老師曾經諮詢過一個個案女孩，她只要面對別人大聲說話，就會產生一種莫名的恐懼。在對談中，小紀老師找到她五歲時發生的一個事件，當時父親有躁鬱症。有天夜裡她被父母的聲音吵醒，目睹父母大聲爭吵的畫面。當時她不知所措，只能放聲大哭。

當父親聽到女兒哭的吵雜聲，無法控制自己的情緒，就拿起手邊的鬧鐘朝女兒丟過去。這位被嚇壞的小女孩，在腦中瞬間產生一個強大的連結：大聲說話＝爭吵＝丟來的鬧鐘＝莫名的恐懼！當一個事件發生時，能立即與極度的情緒狀態相互連結，就會被「一次」寫入潛意識，而不需多次重複。

許多育兒專家的研究都提到過，0至3歲是潛意識最活躍的期間。這個時期的孩子就像海綿一樣，會大量吸收看到和聽到的事情，透過重複或是強烈的情緒寫進潛意識的檔案。但在幼小的心靈裡，無法辨別這樣的語言程式是否合理，只要輸入潛意識就會變成深層的相信。小紀老師說，在她諮詢近600個案例中，發現了不可思議的巧合，幾乎所有好女人們的感情模式，99.99%都是複製於原生家庭，當我們了解潛意識的運作原理後就不足為奇了，因為我們最常看到的戲碼演出，都是在原生家庭發生的，對於父母也都有著強烈的情感連結。

既然過去我們在不知情的狀況中，透過重複、連結和情緒狀態寫下了潛意識的信念程式。現在我們也可以運用同樣的方法，來改寫出自己要的愛情劇本！然而，在愛情之中，我們往往可能受傷或背叛，因此對未來伴侶的想像，一直都是負面定義。但誠如前篇一再提到的，潛意識聽不到「不要」，它只會專注在不要後面的動詞。例如，不要抽菸喝酒，潛意識聚焦能量就會在抽菸喝酒上；不要脾氣暴躁，反而會引來脾氣暴躁。

因此，想要翻轉自己的負面潛意識，就是要不斷地自我對話，與正面情緒和期待相互連結，就能改寫我們的潛意識。最後，最重要的一點，這樣的自我對話不能只在腦中想像，而要像是小時候背九九乘法表一樣，把想對自己說的話，及希望遇見的理想條件和感受，具體地寫下來。這樣就可以加強潛意識信念的相信，更快吸引來想要的美好愛情！

對於幸福，你有自己的藍圖嗎？

「一定要和那種看起來很受歡迎的女生（男生）一樣，才會有人喜歡我嗎？」

「是不是我不夠溫柔？所以對方才會跟我分手？」

我相信有許多好女人和好男人，在愛情路上或多或少都有過這樣的自我懷疑。小紀老師也曾在節目和我們分享，她也曾對「做自己」質疑過。

小紀老師在二十四歲時就想結婚，但尋尋覓覓一直到三十九歲才遇到Mr. Right。在十幾年追求愛情的路上跌跌撞撞，經歷了八段情傷。還有一段關係分手後整整難過了四年，因為對方跟小紀老師說：「我遇到一個讓我更想保護的女生。」所以，小紀老師也曾經迷惘過，是不是我要變的更溫柔、會撒嬌、更有女人味，也經常覺得是因為自己不夠好對方才會離開自己！但最終小紀老師終於了解：**外在的世界是來自於內在世界的投射。不是因為我得到另一半才會幸福，而是我內在先感受到幸福，才能吸引讓我幸福的另一半。**

解開了限制性信念的想法後，真正理解在單身的時候快樂，婚後才會快樂。因為在婚姻中有兩個人的功課，比單身一個人的功課更多。如果單身不快樂，婚後只會有更多的問題要面對，怎麼可能結婚後就變得快樂！所以，從現在的此刻開始變得幸福和快樂，才是幸福關係最重要的基石！

因此，不管現在是單身一人，或是正在面臨分手，或關係不和睦，我們應該要問自己：「真正想要的是什麼？」亦即，對於幸福的愛情，是什麼樣的想像？是一場華美的化妝舞會，可以在裡頭認識各式各樣有趣的人？還是，你追求一種靜謐恬淡的溫馨美好，只願和一個懂你的人牽手一輩子？關於幸福，無關對錯，重點只有一個，那就是想清楚自己想要的是什麼。

大家經常說，**想要幸福，最重要的就是溝通。但是這個溝通，其實是和自己溝通。因為唯有你一個人也幸福時，才有辦法把這份幸福分享出去，讓另外一個人也幸福快樂。**所以結論是：和結不結婚沒關係，自己的快樂最重要。唯有當你調整好自己的潛意識，真正的幸福才會到來。請堅定地相信，對方之所以會離開你，不是你的錯也不是你不好，只是你們的頻率沒有對上而已。

無論是理想伴侶條件，或是對於未來幸福的想像藍圖，只要以正向的態度具體地寫下來，你的潛意識超能力就能聽見你的呼喊，進而幫助你實現願望。記住，心誠則靈！**當你下定決心要擁有時，請認真和宇宙下訂單，外在大宇宙和內在的小宇宙，就會聯合起來幫助你！請這樣施行並深信不移。**

路隊長說

- 追求很辛苦，吸引很容易，調整好自己的潛意識，就能吸引到對的人。
- 寫下來很重要！唯有具體寫下理想的伴侶條件和具體的幸福藍圖樣貌，潛意識才會牢牢記住。
- 認識自己更重要。永遠別忘了，在愛情中只有頻率不對，沒有對錯之分。

好女人情場攻略 節目建議收聽

S2_EP249

S2_EP109

S3_EP006

04／突破限制性信念，跳脫愛情困境

\# 在愛情的英雄之旅上如何打怪成功？

前面章節我們一再提到關於信念的重要性。因為信念主導了愛情中的一切，幾乎所有的愛情問題與煩惱，都來自「限制性信念」。那麼，究竟該如何清楚定義「限制性信念」，並發掘、突破它呢？

我們曾在第三季的《好女人情場攻略》Podcast 節目中邀請了「哈拉老師」來和我們談談關於限制性信念，以及如何透過「轉念」跳脫悲慘愛情故事的輪迴。哈拉老師強調應該藉由「故事淬鍊系統」來幫助大家透過「轉念思考」突破內在限制、快速改變、獲得真正的幸福。

每個人的一生都會走過很多段的「英雄之旅」，例如：學業、愛情、家庭、工作等。所謂的英雄之旅，就是**凡人變成英雄的故事**：一個平凡人受到某件事情召喚，開始了冒險旅程，途中認識夥伴、遇見導師，經歷各種挑戰與試煉等等，取得寶劍打敗大魔王，最終成為了「自己的英雄」；在這段充滿改變的旅程中，我們會因為生命中發生的各種經驗、衝突與渴望，而產生各種「信念」。

而談到「說故事」，我們一般想到都是正面、美滿的結局，但人生並不完全像好萊塢電影一樣，最後一定都會成為英雄。所以，當我們在生命中遇到阻礙、無法前進，常常會產生一種「限制性信念」，它像一片「濾鏡」侷限我們的視野，讓我們只能看到「限制性信念中的世界」，進而導致我們活在自己編寫的劇本中，被自己「單一版本的故事」卡住，陷入無限負面輪迴的窘境。

一般而言，限制性信念會有以下三種特徵：

一、**無助**：總是找不到方法，認為事情很難改變，甚至一輩子都無法改變，例如：「我每次跟喜歡的男生互動時，都會表現不好」。

二、**無望**：認為事情沒有突破的可能性，造成自我合理化，腦補非客觀證據而認定是事實，例如：「女生都愛高富帥」、「男生都愛正妹」。

三、自我否定：因為長期的無助與無望，導致自己覺得不配發生好事、自我也沒有價值，常常用否定文法跟自我對話，例如：「我無法得到美好愛情」、「我就是不夠好」、「不⋯」、「但是⋯」等。

首先，我們先從哈拉老師的故事，來看看一個限制性信念是如何產生的。

高中畢業後，哈拉老師原本以為大學可以出國唸書，但當時的家中經濟突然出狀況，因此他開始責怪父親；他當時又回想起小學時，原本他的資質可以去讀資優班，但是爸爸說念普通班級就好。因此，在哈拉老師心中出現一個「限制性信念」，那就是「任何與學習有關，自己無法獲得的，都是爸爸害的。」像是無法出國念書、沒唸資優班，就歸咎於爸爸。

上大學之後，發現身邊有很多同學是靠獎學金、靠自己的努力獲得學習資源。因此哈拉老師開始對於「都是因為爸爸，所以導致我無法出國唸書，獲得更好的學習機會」這個信念產生質疑，這是真的嗎？

看到這裡，你一定會想問，「那麼，我要如何像哈拉老師產生那個 moment，對自己的信念產生質疑呢？」，也就是「要如何轉念」呢？

方法是：跳出自己的視角

試著看看其他人類似的故事，是否能帶給你另一種啟發和衝擊，或是徵詢他人意見，用另外一個角度去看這件事情，都可以讓我們對於自己的故事或信念，產生懷疑。至於要不要相信別人說的話，可以自己判斷，但是至少你會獲得了多重觀點、各種視角的故事版本，而不是只有單一版本視角（限制性信念）的故事。

這種看見真相的過程，在邏輯上稱為「反例法」，亦即：如果一個人的生命中只看到黑天鵝，他就會以為所有的天鵝都是黑色的；某天，如果他生命中突然出現一隻白天鵝，過去的整個信念系統就會「瓦解」：原來這個世界不只有黑天鵝，還有非常多的白天鵝，而且每天都能看見。這樣的自我覺察，只要開始有意識地觀察和思考，很快你就會發現新的信念。

哈拉老師對於轉念，還有另一個更具體簡單的方法，在那之前我們先深入了解什麼是信念：

「信念＝語言＋感覺」。

「學習」足以改變一切，相信自己可以做到

正向的語言搭配良好的情緒感覺，可以帶來改變的正向信念；反之，負面語言加上負面情緒，自然就會產生難以前進的限制性信念。當然，所謂的感覺比較飄忽難掌握，所以我們可以反過來做：先從「語言」開始覺察和自我檢查：當語言開始改變了，感覺自然也會開始改變。

在愛情的英雄之旅中，經常遇見渣男的好女人，可能會有「總是遇到渣男」信念，因而限制了她對於「無法獲得理想愛情」，甚至延伸到其他面向之上，例如：工作不順也是渣男害的。這時，最簡單的方法就是「改變語言」，在負面信念前，加上「學習」二字：

「我總是遇到渣男」↓「我可以『學習』如何應付渣男」。

「學習」就像是英雄之旅冒險中的「練功」。想像一下，在打電玩遊戲的過程中，我們不斷透過學習、升級裝備、獲得魔法等，以求最終可以打敗大魔王。你發現了嗎？在遊戲中無論如何都必須打敗大魔王才能獲得勝利，無論你走到哪裡，大魔王都是阻礙你得到幸福的路霸。所以如果你認為自己的愛情中，無可避

免一定會遇見渣男，那就不要一直自怨自艾或一蹶不振，而是想辦法征服他，因此，「學習」就是最好的方式。

另外，運用正向語言改變信念時，直接「唸」出來很重要，若只是在腦袋中空想，我們的腦袋與身體並不會有所「感覺」。用力寫下來、大聲唸出來，可以使信念被高度強化，獲得更好的感覺，進而改變信念。而當你習慣用正向語言「唸」出來，並且習慣用身體感覺之後，你會發現神奇的事發生了：身邊開始出現一些好的改變，這時就要用身體再次記住這些「好的感覺」、「改變的感覺」，因為感覺的改變，就是信念的改變；而信念的改變，就是人生劇本的改變。

「世界上還有很多好男人」→「我可以遇到適合自己的理想伴侶」

人最痛苦的事情，常常是被動讓命運的重大事件「逼」著我們去做抉擇。

反之，我們可以「主動學習」，去面對衝突、迎向挑戰和創造改變。記住，無論在什麼樣的英雄之旅中，我們永遠都是故事的主角，不要讓限制性信念支配我們。

「我是一個值得被愛的人」→「我可以擁有自己的美好愛情故事」

每個人都有能力、有機會、也值得完成自己的英雄之旅，尤其是愛情的英雄之旅。

路隊長說

- 你的信念，創造了整個世界。無論發生什麼事，都要記得你永遠是一個可以有「選擇」的人。
- 雖然故事只是一個版本，但它不一定是事實。去看看你過去的故事，是不是一直重覆？再去看看和你情形類似的其他人故事，而那個人卻做了不一樣選擇與決定，開展了不一樣的人生劇本，這會啟發你發現新的信念。
- 逃避當自己故事的主角，就永遠只能成為他人的配角；解決人生劇本的衝突，才能找到屬於自己的幸福。

戀愛軍團軍師介紹 #3

Who is **哈拉老師？**

哈拉老師台大哲學系畢業，是「故事淬鍊系統」創辦人，專注於幫助所有人完成英雄之旅，讓每個人都能找出自己的故事、講好自己的故事、改寫自己的故事，最後創造出自己的故事。

擅長以「轉念思考」突破內在限制與快速改變，希望為那些在生命迷宮困住的人，指出一條有效的道路。哈拉老師唯一信奉的神，叫做「人有無限可能」。

FACEBOOK
「故事淬鍊」粉絲團

好女人情場攻略節目建議收聽

S3_EP032

S3_EP033

CLASSIC QUOTATION

好女人
金句

自信就像牛排，
存在著一種厚度。

05／告別自卑，鍛鍊自信的三步驟

＃沒有自信，曖昧不起來，理想清單也列不出來

「為什麼我無法喜歡自己？」

「為什麼我總是覺得自己不夠好？」

「我不知道自己是誰。」

無論是在愛情或人生中的其他課題中，許多人經常會有上述的困擾。之所以會對自己有這樣的批判，除了前面提到的限制性信念之外，其實「自信」也在當中扮演著舉足輕重的角色。有些人認為，自信是與生俱來的個性，有些人就是天生有自信；而有些人則認為，自信來自於他人的肯定或物質，也就是說，只要有錢、有房、有車，也就是所謂的人生勝利組，就會充滿自信。但，真的是如此嗎？

我們在節目第二季時，曾邀請到國內知名的靈魂紀錄閱讀師「黃宇寧」，來和好女人和好男人們，談談如何建立自信。為什麼宇寧對於「自信」這麼有感呢？宇寧從小就是學霸，也在很年輕的時候成功創業、遇見一位好老公、有房有車，有光鮮亮麗的身材外表和成就，擁有所有人羨慕的一切，但是，每當她回到家一個人的時候，還是覺得自己不夠好、不滿意、不喜歡自己，心中老是覺得空空的。後來，宇寧才發現，真正的自信是一種狀態、是一種從容自在的態度；

真正的自信，是你感覺到自己本身的存在就很有價值，而不是靠任何其他人或外在物質的肯定。

而之所以我們無法看清真正的自信為何，或許是因為我們在成長過程中，被教育成「有條件的愛」與「有條件的好」，例如：你完成作業後，媽媽才會愛你、你今天是個乖寶寶，所以我才愛你、考上醫學院，你才是父母的驕傲等等，總之，我們好像必須先做點什麼，才配擁有好東西或是愛。

當然，宇寧說現在她遞出名片給別人，show 出自己的公司名稱和頭銜時，別人驚豔的眼神和稱讚，還是會讓她開心好幾個小時，當下覺得自信滿滿。

但她深知這些依靠他人肯定的外在評價，只是完成人生這一大塊自信拼圖的其中幾片，它拼足了某一塊，但卻不足以把「自信」這塊大拼圖拼湊齊全。所以，她認為這些物質虛榮與他人肯定，未必完全與獲得自信無關，重點在於，你是否會「介意」這些，並以它作為自信來源的唯一標準和評分。

但無論如何，對於每一位好女人和好男人來說，自信都是不可或缺的。而在正式開始鍛鍊自信之前，我們必須先透過以下兩個方法，調整好自己的狀態：

一、**釋放**：釋放自己無法接受的部分，與自己和解。例如：有的人認為自己十年前做了一件很後悔的事情，像是「如果當初我不要去偷看他的手機，也許我們就不會吵架，也就不會分手了。」一直陷在過去的後悔與罪惡感，被過去的事件牽絆住，永遠活在自我批判的負面漩渦中，唯有把這些負面的地雷拔除，才有辦法擺脫自卑，培養自信。

二、**計畫**：慢慢累積「喜歡自己」的旅程。找出削弱自己能量或剝削自我價值的人事物，和這些東西保持一段距離。同時，去搜尋能讓自己越來越滿意的人事物，但前提是，這個「滿意」不需要他人建議，而是自己覺得滿意就好。

記得，沒有人會永遠當那個總是在肯定你的人；這些人可以今天給予掌聲、明天給予批評，如此一來等於是在「控制你而非肯定你」，若自信起起伏伏，不能長久穩定，就無法培養出自信的厚度。

「自信」來自於用功學習和良好的人際關係

知名心理學家阿德勒曾說：「人生中所有的煩惱，都是人際關係的煩惱。」不知道你是否發現？「自信」和「自卑」也與人際關係有關。無論是朋友或伴侶關係，一旦缺乏自信就容易陷入不安、猜疑中，長此以往就會消耗彼此的感情，引起爭吵、分手等不好的結果。而鍛鍊自信最好的方法就是走入人群，只要處理好人與人之間的關係，自信就會油然而生。具體作法如下：

第一步：列出你欣賞旁人的哪些特質。準備一本筆記本，去看看身邊有沒有你很欣賞的人，同時寫下那些讓你欣賞的特質。例如：陽光開朗、幽默健談、身段漂亮、有氣質、有內涵……總之，把那些你希望自己也能擁有的特質，通通寫下來。

第二步：走進你欣賞特質的交友圈。看看你生活周遭有沒有擁有以上特質的人，然後進入這些人的圈子，哪怕是在這個圈子的邊邊角角也沒關係。唯有進入這些擁有你欣賞特質人群的圈內，才有機會獲得改變。學生時代可以加入社團，至於出了社會之後，則可以選擇參加一些講座、活動。不知道各位是否聽過「五人平均值理論」？就是「你最常接觸的五個人平均起來的特質，就是你。」因此，如果想要改變，就一定要走出自己的生活圈，才會有改變的機會。

第三步：仔細觀察和親身實踐。進入這個圈子後仔細觀察和調查，這些人的特質究竟是如何產生的。例如：打扮漂亮的人，都是用什麼保養品、有什麼樣的飲食習慣；談吐有內涵的人，週末或下班後會去參加哪些活動等。貼近觀察，便可發現那些人之所以有自信，其實都是有跡可循的。

例如，對於宇寧來說，她最想提升充滿自信的表達能力，所以她會把這些圈內中談吐有趣幽默的人所開的話題是什麼、說話的起承轉合和斷點等，逐字逐字寫下來，然後回家後反覆朗誦練習，就這樣，宇寧鍛鍊了四年左右，現在的她，在任何人面前都能充滿自信的侃侃而談。（請大家務必去收聽宇寧受訪的那幾集podcast，你一定想不到她以前居然是個句點王！）

自信是一次次不斷累積的過程，它存在著一種厚度，就誠如自我價值感的發展一樣，都是一種厚度的累積，是必須終其一生努力發展的。

我以前也是一個很沒自信的人，但我和宇寧都靠著後天努力，變成自己想要的模樣，我們都笑說自己是「地才」！地才沒有什麼不好，只要願意給自己一個改變的機會，無論是天才還是地才，記得，我們都值得為了「自己」付出努力呀！都值得掌聲！

路隊長說

- 每個人的自信都是獨一無二的，「自信」是一種超能力。
- 自信的培養，是來自於一次一次，做到了原本以為自己做不到的事情。
- 自我鍛鍊自信的下一步，就是以完全不設限的心態去認識別人，勇敢踏出去！

戀愛軍團軍師介紹 #4

[Who is **黃宇寧老師？**]

人生前 20 年是個認真唸書安靜生活的人，終於厭倦無趣沒自信的自己，還有人緣不佳、感情也不順的生活。

21 歲下定決心，執行改變計劃：有步驟的鍛鍊自信、突破個性的創業，目前是知名品牌「時光圖書館」的負責人。特殊專長是靈魂紀錄閱讀師。

WEB
靈魂旅社官網

好女人情場攻略節目建議收聽

S2_EP194

S2_EP017

06／勇敢表達自我的「刻意練習」

#
讓自己發光，
Mr. Right 才能
在茫茫人海中找到你

談戀愛，其實就是一種溝通與表達。你必須先展現自我，對方才有球可以接，而在這樣的一丟一接中，感情才有辦法穩定培養滋長。然而，對好女人或好男人來說，最困難的，或許就是不知道如何好好地表達自我，因此始終無法遇到理想伴侶，開花結果。

根據我的觀察，大部分的人都喜歡跟說話有趣的人相處。但是，好女人和好男人們，不要一天到晚都只想著要如何找到一個談吐幽默風趣的對象？重點是，你自己是一個有趣的人嗎？如果你不是，那你要如何接到對方丟的球、了解到他的幽默感呢？

當然，我的意思不是要你去看笑話全集。每個人都有獨一無二的說話風格和特色，只要展現最真實的自我，就是最理想的狀態，反之，若一味的把焦點放在「我要成為一個說話有趣的人」，反而會在無形之中帶給自己太多的壓力，適得其反。具體來說該怎麼做呢？那就是，**鍛鍊出「沒有得失心」的表達自我。**

有很多時候我們都被得失心綁架了，例如：明明很喜歡對方，但是看到對方就會結巴，「擔心」對方對自己沒興趣，更說不出話；總覺得自己說話內容很無趣，「害怕」對方會覺得很無聊，說起話來綁手綁腳，一點也不像自己。所以，只要在談話或交往過程中，將這種無謂和預設的得失心放下，漸漸地你就會發現，其實自己也可以是一位說話有趣的人；因為展現了最真實的自我，對方絕對能感受到那份真誠。

然而，這個表達必須「刻意練習」，才有辦法內化成為自己的一部分，進而越來越流暢自然地表現出來。具體步驟如下：

【步驟一】：定下明確主題

每個人想要改善表達能力的地方，不盡相同。因此，先找出你想要改善的部份是什麼，是想要說話有趣？還是言之有物？甚至是說話有影響力？建議可以從最基本的開始，如：不口吃，能完整流暢說出自己腦中想要說的話，再一步一步循序漸進設定階段目標，如：語調流暢、內容不空泛、吸引人聆聽等。

【步驟二】：找到好教練

這個教練可以是一位你生活周遭的人，他符合你對自己期待的模樣，也可以是明星，甚至是一本書。就像上一篇提到的靈魂紀錄師宇寧和我，都非常喜歡知名劇場表演工作坊的〈那一夜我們說相聲〉這個節目，當初我們都是透過觀看大量的相聲，模仿其中的說話口氣、語調和斷點，練習掌握有趣的說話節奏。另外，宇寧也相當推薦看辯論節目，因為通常辯論節目會提出很多有趣的觀點，會是比較有邏輯的說話方式，也可以看看他們的臨場反應；畢竟，表達和溝通最重要的就是「一丟一接」，即時反應也是很重要的說話練習。

除此之外，大量閱讀也很重要，因為這樣說話才會「有料」。可以把閱讀當作是蒐集聊天話題的資料庫，如此一來，當你面對不同類型的對象時，就能快速提取出能與對方有趣談話的內容。

【步驟三】：確實執行，不斷練習

學會技巧之後，最重要的就是練習和實際「說出來」。一開始可能會很害羞，不知道該找誰練習說話。因此，建議可以先用錄音的方式，模仿那些說話有趣的人的說話方式，再把自己說的話錄下來，回放著聽。雖然剛開始不會一模一樣，但在不斷練習、耳濡目染中，你的說話和表達方式一定會有所進步。另外，大聲朗誦書本也是很好的練習方法。由於書本中的文字經過潤飾，當中邏輯性較強、沒有贅字。因此在朗誦中，也可以潛移默化鍛鍊自己減少說話時的贅字使用，例如「然後」、「所以」等，更重要的是，大聲朗誦也可以提升說話時的自信！

除了這些個人練習，宇寧更推薦大家去參加讀書會，培養自己練習一對一、一對多，甚至一對四千人說話。記得，技巧學習完之後，一定要「說出來」才算真正進步。

不設限，生活從此改變

另外，我也發現不少好女人、好男人之所以無法遇見愛情，是因為不少人會先給對方貼標籤，自我設限。就像宇寧曾經和我們分享，她自己以前總是用很「直觀」的方式去交朋友，比如說：如果這個人沒有名次前三名或是沒有身高一百八，她就完全不會想和對方聊天說話，簡單說，就是會預先為他人「貼標籤」。後來，她發現這樣的作法只會局限交友圈，讓自己變成邊緣人，更吸引不到理想對象。

後來，她在鍛鍊自信、刻意練習表達自我後，再多做了一件事情，就是：**不斷提醒自己，要在每一個人身上，找到值得欣賞的正面特質，即便是很小很小的正面特質。**然而，人們都比較容易看見對方負面的特質，所以一開始可能會有點困難，但慢慢練習之後，你會發現自己隨時都能在第一時間先看見對方的正面特質。

但是這該要怎麼練習呢？就是每當發現自己不是很想和陌生對象聊天時，先在心中偷偷問自己「我是不是又給人家貼標籤了？」接著，再從自己的資料庫中尋找話題（前面提到的刻意練習自我表達技巧，之所以那麼重要，就是要在這個時候用上！），漸漸地你就會發現，自己竟然和任何人聊天都不害怕或排斥了。

實際上，這也是一種減少得失心的作法。所謂的「量大人輕鬆」，「量大」就是當人數放大時，就不會執著於「這一個對象一定要成功，失敗了就沒有機會了。」這個念頭。也就是說，當你願意多去認識人，或是試著放下先入為主的觀念，和第一印象可能只有五十、六十分的對象出去走走時，由於他對你來說，並不是「非他不可」，自然也沒有「擔心對方對我印象不佳」的得失心，所以，反而更能放鬆、自在地聊天，表達自我。

最後，再次重申前面介紹過的吸引力法則。表達也是一樣，**你選擇用什麼態**

度表達自己，對方也會用相同的方式回應你。所以勇於表達自我、開啟自己的雷達，最後，那個對的人，就會以一種結合所有你理想型條件的集大成之姿，出現在你眼前！

路隊長說

- 與其苦苦等待，不如自己創造機會。所以，勇敢地展現自我吧！
- 注意力在哪裡，哪裡就會放大。持續關注在自己最在乎的正向特質，它就會降落在你身上。
- 「沒有得失心」的表達訓練，無論對愛情、工作或其他人生面向，都相當有幫助。

好女人情場攻略節目建議收聽

S2_EP018

S2_EP020

07／喚醒內在小孩，重新創造自我形象

＃如何遇見最好的自己？

你是否對自己總是沒有安全感、沒有信心？有多久沒有感受到有一股純真、熱情和冒險的精神了呢？還記得上一次真正為自己做的決定是什麼嗎？這個社會既定的框架和觀念，是否壓抑了你內心的聲音？

誠如我們在前面章節提到的，所有親密關係的基礎，都是要先從「愛自己」出發，你先深愛自己，別人才會愛你；主動表達自己，對方才會接受到你的回應。因此，在第一章的最後，我想要跟大家聊聊，所謂的「愛自己」，到底該怎麼做呢？

所謂的愛自己，就是從喚醒和療癒內在小孩開始。

每個人呱呱墜地後，其實都在做自己，嬰兒時期的我們想哭就哭、想笑就笑。但是在成長過程中，我們被要求須符合社會規範和標準，我們總是活在他人的期許中，漸漸「失去了自我」。我們不再是那個可以隨心所欲表達內在感覺和情緒的小孩，彷彿被關在內心深處的地下室，內在的孩子一次次受傷，而心也從此封閉，無法去愛人，甚至是無法接受愛。**因此，喚醒和療癒自己的內在小孩，就是愛自己的第一步。**

我們曾在節目中邀請了天賦發展導師 Ann，來跟我們聊聊內在小孩和重塑自我形象的議題。Ann 是我在多年前開設的創業教學課程中的學員，從小她就是一位品學兼優，按照社會期待和規範生活的乖小孩，在父親朋友的啟發下，大三時休學了一年，去向許多世界級潛能大師學習，例如：東尼．羅賓斯（Tony Robbins）、鮑勃．普羅克特（Bob Proctor）等。不僅重新發掘出自己的潛能和生命意義，也成功轉行創業，成為一名天賦潛能開發師，致力於幫助人實踐人生目標和自我價值。

Ann 分享，要找到內在小孩，首先要先意識到內在小孩的存在、知道內在小孩有什麼樣的渴望和需求？Ann 建議大家可以拿出小時候三至五歲時的照片，問問自己「這個小孩最想要的是什麼？」是被愛、被肯定，或是其他？接著，為你的內在小孩取一個名字，例如：小Ann或小路，或是任何你覺得親暱的小名都可以，然後，經常呼喚這個名字，跟他建立關係，要用非常溫柔和耐心的口氣和他對話，聆聽他的需求和渴望，想一想，如何讓這個孩子感受到愛，讓他知道有人在乎他。

療癒內在小孩還有一個很棒的作法是，每一天在鏡子前面看著自己的眼睛，跟內在小孩講話，或是把你想對他說的話，用日記的形式寫下來。如果你能一天天了解他、陪伴他，你的心就會逐漸得到療癒。另外，照顧內在小孩過程中，很重要的一點是要「尊重自己的感覺」。很多時候，我們都太在乎他人感受勝過於自己，以至於做出違背自己內心的選擇，例如：為了家人的期望選擇了一份自己不喜歡的工作，結果過得很不開心。

試著想想，這種不快樂的情緒到頭來是誰要承擔？是那個要求你符合期待的人？還是你自己？答案顯而易見。記得，每個人都是獨立的個體，要為自己的情緒和結果負責，唯有先照顧好自己、療癒了內在小孩，我們才懂得怎麼照顧別人、聽見對方真正的需求。我們無法給予別人自己沒有的東西，所以，你必須先讓自己由衷先快樂起來，才能自然而然地把快樂的能量傳遞出去。

你想成為怎樣的人？請向宇宙下訂單

除此之外，看清自我亦是很重要的一環。前面提到的內在小孩，也包含在自我形象中，還包括你覺得自己有什麼能力、對自己的看法，以及自己可以做到什麼；簡單說，「自我形象」就是你如何看待自己。如果一個人對自己的「想法」是負面的，其所形塑的自我形象就會是負面的。

事實上，我們現在所有看得見的東西，都是從「有想法」開始的。例如：現在住的房子，一開始是從建築師的一個想法慢慢蓋成的。**你人生的經歷，也是從一個想法開始創造出來的。**比如：你「想要」一個什麼樣的工作，就去尋找、應徵那樣的工作。所以，想要改變自我形象，最有效的方法就是從「改變想法」開始。具體該怎麼做呢？以下是Ann和我們分享的方法：

【步驟一】：拿一張紙，將自己現在的形象寫下來，並認真思考有哪些是你不想要的？挑出那些你覺得會阻礙自己的，或是你自己不喜歡的特點？例如：我很害羞、工作不順利等等。

【步驟二】：思索一下，你想擁有什麼樣的形象？你想成為什麼樣的人？如果不清楚，可以先觀察身邊有哪些人符合你的期待或欣賞的特質，再寫下「現在式」的句型，例如「我是……」，或直接把上一步驟中列出來不想要的特質，以反義詞的方式寫出，例如：

- 我是一個很有自信的人。
- 我是一個很體貼他人的人。

【步驟三】：把步驟一那張不想要的自我形象給撕掉或燒掉，接著，站在鏡子前看著自己，再把步驟二想要的自我形象句子大聲唸出來；建議每天早晚各一次，每次至少五分鐘，直到你成為那樣的人為止。

其實我在十年前剛進入金融業時，也曾做過類似的練習。那時剛進公司，一開始的三個月完全無法成交任何一筆交易，都快被公司 fire 了。後來讀到一本書《第四度空間 by 趙鏞基牧師》，於是我每天出門前對著鏡子大聲唸三十次「我是某某銀行某某分行，最頂尖的業務員」。

雖然一開始覺得要這樣大聲唸出來很害羞，而且似乎喊了幾次之後，沒感覺有太大的改變，但神奇的事發生了，在我持續這樣喊三十天後，有一天我一走進銀行，就感到自己真的開始有自信了，我相信了這件事，過了半年，我真的就成為分行最頂尖的業務員。

過程中最讓我感到驚訝的是，這樣做居然就吸引到可以幫助我達成這件事情的人事物。那時候，剛好有位從別的銀行轉職過來的新員工，教會了我許多銷售技巧；我想，這一點又再次驗證了吸引力法則的奧妙！

所以，各位好女人和好男人們，不如從現在開始，先想像你已經有了另一半，想像一下對方是什麼樣的人？帶給你什麼感覺？他做什麼工作？如此一來，便能對潛意識造成影響。這樣的想像對於潛意識來說，都是真實的。一旦你讓潛意識相信這是真實的，你會展開行動，同時啟動吸引力法則，在持續的行動下，必然會創造出新的結果。

路隊長說

- 我們能送給世界最大的禮物，就是做真實的自己。
- You are a wonderful person. You bring value to this world.
- 一個人的自我形象改變，其行為和性格也會跟著改變。所以你可以成為，任何你想要成為的人。

戀愛軍團軍師介紹

#5

Who is **Ann 安老師？**

天賦發展導師／ Life Coach。

大學時為了「找自己」休學一年，人生自此走上很不一樣的路。在教育界深耕十餘年。

在教育界深耕十餘年，現為鮑勃．普羅克特培訓公司認證顧問，以一套超過 60 年實證的潛能發展系統，協助人發覺天命、突破心理舒適區、一步步實踐人生的夢想。

WEB

Be Yourself 做自己

實現你真正想要的生活

Podcast

記起真正的你

好女人情場攻略節目建議收聽

S2_EP111

S2_EP112

S2_EP231

S2_EP232

從陌生人到朋友，朋友到曖昧關係、熱戀期、穩定期，在愛情這條修煉之路上，不能只靠「隨緣」，不要只是傻傻等待或是「憑感覺」。

想要經營好每一段關係發展的進程，就必須掌握其背後的「技法」（對！談戀愛是有技巧的）。

所以在這一章裡，我們將針對感情路上會遇到的各種疑難雜症，提供給各位好女人能快速解決的戀愛密技，幫助大家少走傷心難過的冤枉路，盡情享受愛情的喜悅。

chapter 2

好想談戀愛！如何開啟一段親密關係？

CLASSIC QUOTATION

好女人金句

在舞台上，
你相信自己有多美，你就有多美。

01 / 別怕失敗，脫單 so easy

別怕失敗，脫單 so easy

我做節目三年多來，最常收到好女人們的回饋就是：「家人（朋友）都跟我說感情隨緣就好，女生不要太主動，結果就這樣隨緣隨到了三十多歲，越等越焦慮。我該怎麼辦？」

說實話，母胎單身本身並不是「問題」，而是個「議題」，我們應該藉由「母胎單身」去探究一下自身對於關係經營，到底是抱持什麼樣的心態，再從中發現問題所在，方能對症下藥，找出解方：

- **其實並沒有想要發展一段關係，而是打從心底想過單身生活**→這樣也很OK，只要選擇自己真正想要的生活方式，就不需要為了社會或他人眼光而感到焦慮，所以放寬心自在生活吧！

- **搖擺不定，有時想談戀愛，有時又覺得自己一個人也很好**↓當心中搖擺不定時，多半「想要」的成分會大過「不想」；很多事情都要先擁有過，才會清楚知道自己到底想不想要，因此，如果你是這種情況，我強烈建議，還是勇敢地談一場戀愛吧！

- **我曾有過一段穩定關係，但很久沒有談戀愛了，好像已經忘了愛的感覺**↓如果是這樣的你，那拿起這本書就是正解！好好閱讀這本書、準時收聽我的 podcast，就能幫助你慢慢找回想戀愛的感覺。

先釐清自己對於經營男女關係的真正期待和想法，若你屬於後兩者，接著，請繼續檢視以下由「迷鹿即興排練場」創辦人、「貝理詩的練愛筆記」的主筆「張念祖」為我們整理出，母胎單身的四大原因，你符合了幾項呢？又該如何有所突破呢？

一、沒有特別找出「社交時間」

每天重複上班打卡、下班回家，這種兩點一線的生活，是許多人長久單身的原因。就像是如果你想去健身房運動，也需要特別騰出時間去做吧？社交生活也一樣，必須特別撥出時間去進行。或許有人會說：「有呀！我有一群死黨、好朋友，週末時間大家會定期聚會、喝酒聊天。」

然而，這種聚會被念祖稱為「垃圾社交時間」。為什麼呢？基本上，在一群固定朋友中，若真能發展出超友誼關係的，早就該發生了，不會這樣一年、五年、十年的「我們只是好朋友」。當然，還是有好朋友變成戀人的例子，只是以「可能性」和「時間」來看，這樣的投資成本，比起你去「認識新的朋友」、「加入新的社交場合」要高得多。

另外，還有一種情況更糟糕，如果總是在垃圾社交時間和一群男性朋友出遊，由於你對於異性相處的需求，已經在這些男性友人身上獲得滿足，導致你更不願意花時間去認識新的朋友。在這樣的惡性循環下想要脫單，成功機率只會越來越低喔！這就像你一直拿著同一張展覽會的門票，重複去看相同的展覽。所以，趕快去買張新門票，走進另外一間會場，拓展新的社交圈吧！

二、對於自己的臉蛋和身材沒自信

根據念祖一直以來的經驗和觀察，發現戀愛市場上只有極少數的人，真的是因為天生長相不好看，才導致戀愛困難，有八成以上的人只要稍微上一點淡妝、穿搭簡單清爽，想辦法讓自己看起來順眼，通常就能順利認識對象；所以最大的問題是出在於：缺乏自信。

也有許多聽眾回饋給我，他們就是因為對自己的外型沒自信，所以在社交場合都會和異性以一種比較哥兒們、buddy-buddy的方式互動，掩飾不自在。但誠如前面篇章提到的，在戀愛關係中必須讓男性察覺到你是個對象、是個女人，對方才會對你有感覺。若老是用這種互動方式去掩飾緊張、不安，其結果就是每個男生也會跟你buddy-buddy，最終只會結交到一群男性朋友，而不是男朋友。

自信是一種氣質，不是一種個性。因此，你不是沒有自信，而是不懂得如何展現。念祖說，自信就像是即興表演一樣，「感覺」最重要。

在即興表演的舞台，你必須「感覺」自己的點子是很棒的，表演出來時它才會是好的；很多時候，對你有所懷疑的人，只有你自己。同理可證，只要「感覺」有自信，就能展現出自信，你要想著，對方其實不認識你，所以只要表現出自信，對方就會覺得你「是」有自信的人進而稱讚你，這些讚美會變成一個正循環，讓你表現得更有信心，最終，這股龐大的自信就會源源不絕散發出去，讓你發光，無論走到哪都能自信滿滿。

換言之，先「感覺」有自信，久而久之，就會「是」一個有自信的人。我也推薦各位好女人一部電影《姐就是美》（I Feel Pretty），就會知道「感覺自信」到「自信滿滿」的神奇轉變過程，無論你的外型如何，都可以做到。

三、覺得那個傢伙不行，就完全拒絕認識

不管是看電影還是現實生活中，你應該也常看到美女配野獸，或是厚片女孩配帥哥的例子？為什麼這樣的伴侶組合在台灣卻很少見呢？因為我們的眼光被洗腦了。從小到大，我們被各種文化媒體洗腦，無論是童話故事或是好萊塢英雄電影，總是俊男配美女、公主搭王子才是幸福快樂的愛情。

話雖如此，要突然逆轉這種被潛移默化洗腦的審美觀真的不容易，所以在此要請各位好好轉念思考：「究竟真愛的標準是什麼呢？」外型真的是一眼判定這個人是否能成為真愛的唯一標準嗎？念祖認為**真愛，是一座終生成就獎，而非新人獎**。

電影只是把三年戀愛過程的困難和考驗，濃縮成三小時呈現，在真實世界中，

不會每段感情都是天雷勾動地火般的相遇，因此，請各位好女人、好男人們敞開心房，不要因為一點小小的感覺不對，就拒絕認識對方。試著先去深入了解對方、花些時間相處，給對方一個機會，也就是給自己一個機會。

四、害怕被拒絕或失敗，那可不行

最後的這一點，我發現是許多好女人不敢走進戀愛的主因之一：或許是因為曾被嚴重傷過，甚至是媒體、身邊友人的悲傷愛情故事使你卻步……但無論如何，只要記得：**被拒絕或失敗，不等於你這個人被否定**。

其實我以前也被這個問題困擾很久，二十幾歲時，我曾經被一個很喜歡的女生拒絕，當時覺得自己一無是處，明明一定會比其他男生更珍惜她，為什麼這個女生不選擇我呢？但是後來我想通了，轉個念頭：「這就好像有的人喜歡喝茶，卻不愛喝咖啡，所以，即便你是上等的好咖啡，對方還是不會喝。」

對方拒絕我、不喜歡我，也不代表是我不夠有魅力，或是個性不夠好，而就只是她只喝茶的個人偏好罷了！雖然我是上等咖啡，但是一輩子也無法變成茶呀！

念祖是想告訴好女人們，就算是告白、戀愛失敗了、被拒絕了，也不需要一直糾結在那裡鑽牛角尖找原因。地球上的男人太多，每個人喜歡的類型都不一樣，如果每次被拒絕之後，都想著要去改進，變成他喜歡的模樣，這樣你一輩子都改不完；雖然這樣聽起來有點唱高調，但**「學習放下，接受失敗，享受失敗」**，的確就能從失敗中長出花朵。

除此之外，華人的戀愛市場中張力往往跳太快，大部分都是從「朋友↓男女朋友」，相對在西方國家，其實是「朋友↓約會對象↓曖昧對象↓男女朋友」四個階段。談戀愛，對男生來說是一種「征服」、「打怪」的天性，但對女生而言，戀愛顯得神聖許多。

部分女生甚至會覺得，好像要認識這個男生，就要以「一輩子在一起」為前提，反而因此跳過了「約會對象」和「曖昧對象」這兩個摸索階段，省略了試探與磨合帶給自己的經驗升級，而更容易在愛情路上跌跌撞撞。在念祖的觀念裡，**希望大家勇敢打破既有的框架，接受「玩玩也很好」的想法。**

根據研究統計，平均每個人進入婚姻前，會先經歷四段關係。就像買房一樣，你會只看一間房子就立刻簽約嗎？不會吧！所以，如果不想把愛情和婚姻當作兒戲，更要先認真玩玩、經歷很多失敗墊背、看過很多人和選擇，才不會在缺乏經驗的情況下，結婚後才後悔，這個問題，會比婚前玩玩的心態更嚴重。

總之，不用以太嚴肅的心態去認識人，每一次認識的對象，最終不一定都要發展成男女朋友，停留在約會或曖昧對象也可以。輕鬆點，給自己更多餘裕，如此，在對象的選擇上也能看得更清楚。

路隊長說

- 現在不代表未來，每個人都能透過學習進而改變，在脫單這件事上，更是如此。
- 母胎單身沒什麼不好，釐清自己對於關係經營的渴望或期待，日子過得開心最重要。
- 別害怕失敗，無論經歷過多少戀愛挫敗，終究還是能學到一些東西，有助於遇見未來對的他。

戀愛軍團軍師介紹
#6

Who is **張念祖**？

「貝理詩的練愛筆記」主筆、「迷鹿即興排練場」創辦人，身為即興導演、魅力顧問，是一名愛書寫的表演藝術工作者與成人教育家。因碰壁少年時而自成一格的兩性關係達人，擅長使用通透眼光解構人生與兩性議題。

透過根本性的內在核心調整，而非外在琳瑯的手法話術，幫助來訪者加速進化，成更有魅力與能力的人生玩家。

FACEBOOK
貝理詩的
練愛筆記

FACEBOOK
迷鹿即興
排練場

好女人情場攻略節目建議收聽

S3_EP023

S3_EP024

02／好想認識他！從陌生人變成朋友

#和他見面，第一句話該說什麼才好？

許多好女人都覺得「搭訕」是男生做的事情，女生主動搭訕？好像會覺得哪裡怪怪的。但其實用一種比較開放的心態去看待搭訕，這只是一種人際溝通方式。重點是要如何藉由言語和非言語的溝通，讓對方對你產生興趣。

我們節目曾有一個「好女人來信」述說煩惱，她是個22歲的女大生陳同學，她說：「最近正在準備考試，所以幾乎每天都在學校的圖書館唸書。上個禮拜，發現有一位男同學也在準備考試，而且他好像每次都會預約我旁邊的座位；有時我們還會對到眼，所以應該對彼此有印象。

後來，我故意每天改預約另外一個座位，他竟也改成每天都坐在我對面，雖然不確定這是不是巧合，但感覺預約座位時他都會想坐在我隔壁。有時我讀得比較晚，直到11點圖書館閉館，他也幾乎都剛好那時候才收東西離開。我覺得他很認真，對他有一點好感，所以很想認識他，但是又覺得直接遞紙條應該會嚇到他，我該怎麼做才好呢？」

我收到這封來信的當下，覺得青春真好呀！愛情本就該會在這種充滿青春的時刻發生。想當初我也是用盡各種方法，甚至寫了一本厚厚的追求筆記才追上老婆大人的，但畢竟我是男生，女生和男生的搭訕手法可能還是有點不太一樣，因此關於這個好女人的疑問，我們邀請了口語表達教學專家「林慧老師」來為各位好女人們解答。

林慧老師建議：**想要認識陌生人第一個重點，就是要避免用「感性式」的讚美**，所謂「感性式」的讚美就是太過於形容詞的稱讚，例如：「你（感覺）很棒、很漂亮、很帥，我想要認識你」等。試想，如果有一個陌生人跟你這樣搭話，應該會嚇一大跳吧？彼此根本不認識，又如何知道對方好不好呢？若只是稱讚外貌，除非剛好對方也覺得你是他的菜，否則這樣的搭話註定沒有後續。

為此，林慧老師給了明確意見，在正式搭訕之前，應該要先想好「策略性思考」

的三步驟：

一、**設定你的第一步目標**：和對方進行第一次交流時，你的目標是什麼？是想交換 line 聯繫方式？還是想知道對方的名字、科系？設定之所以重要，在於它會牽涉到之後與他交談的內容，到底要聊到什麼樣的程度。

二、**收集對方的外顯資訊**：和陌生人接觸時，要用非常具體的資訊去做交換，這樣對方才有辦法做出回應，否則只是給一個很空泛的「嗨」，對方也會覺得很尷尬，不知道該怎麼回應。那麼具體該怎麼做呢？一般而言，人都對於「自己的事情」比較感興趣，因此，請仔細觀察對方身上有什麼東西可聊，例如：筆袋、背包品牌、都喝什麼飲料、讀的是什麼課本等。待這些資訊收集好之後，開始搭訕才會一語中的，不會很飄忽或馬上就被句點。

三、**定義自己，做好人設**：你希望對方看見你時，是什麼樣子呢？這一點之所以很重要，是因為做好人設，在跟他正式接觸時才能展現出極佳自信，說起話來不會畏畏縮縮或過於緊張。一個人有很多面向，然而對於陌生人而言，對你的第一印象決定了對方是否繼續和你交談。因此，在決定攀談前至少展現出「三次」人設，舉例來說：想讓男生感覺你很性感，就穿微微露胸或肩的衣服；想呈現簡單、健康甜美的樣子，則可以戴個眼鏡和綁個馬尾。至於為什麼是三次？因為這樣的人設印象才會深刻。

嗨！「主動搭訕」是一種善意表現

擬定好策略性思考之後，就可以正式展開行動了。以下是林慧老師介紹的方法，除了第一點之外，其餘都可以依照自己的節奏和實際狀況，靈活運用。

一、先用眼神試探

試著用眼神，維持五分鐘看著他，或看著他的書、臉；如果他抬頭跟你對視時，就給他一個肯定的微笑和點頭。對上眼神之所以這麼重要，是要讓對方感到被關注，如此，對方才能感受到你對他是有興趣的。

至於為什麼要先「試探」，因為得先確認，他看到這個眼神的反應是什麼；如果他完全沒有反應，甚至驚慌、閃躲，那可能對方想要認識你的機率就比較低一些。但也不代表完全沒有機會，有可能隔天就找你搭話了，因為他感受到你的善意，只是當下太害羞不知道麼回應而已。

每個人對於陌生人，多少都會有一點恐懼，所以試探是必要的。其實這個作法也是在保護自己，看看對方的反應是不是個正常人。如果覺得直接對上眼神太害羞，用點頭的方式示意也可以。

二、先發任務，請主動讚美

所謂的讚美，不是隨意用形容詞稱讚對方很帥或是很高，而是透過具體的事件稱讚對方。例如：你發現他幾乎都在看原文書，那你就可以故意在自己的課本圈一個英文單字，再很認真的拿著課本走到他旁邊說：「同學，我發現你的英文好像不錯，這個單字我查了好久，但不確定到底中文意思是哪一個，可以請你幫忙嗎？」

然後，在他幫忙解答後給予讚美：「謝謝你！你的英文真的很好耶！之後有問題還可以再問你嗎？」讚美之所以重要，是因為會讓對方覺得你有注意到他；此外，你跟他主動求助、釋出善意，他就能透過這個求助管道跟你繼續有所接觸；其次，如果對方是男生，男生通常追求成就感，他幫你一次獲得讚美成就，就會想繼續幫你第二次，藉此展開後續的對話契機。

三、收集資料，找到彼此的共鳴點

比起讚美，或許這種搭話方式對好女人來說，更自然容易，例如：若發現他經常喝星巴克咖啡，或許就可以說：「我也喜歡星巴克的咖啡耶！現在有買一送一，要不要一起分享？」人會喜歡稱讚自己的人，也會喜歡和自己有共同點的人，這樣會讓對方覺得你們是一國的，進而快速拉近彼此的距離。

此外，這樣的共鳴點，也會給予男生更多勇氣與你繼續交談下去，他不會擔心跟你沒話聊，因為你已經給他一個話題了；有了一個範圍，他就不用每次想要和你說話時，還要去想聊天話題。有時女生主動丟球給他，釋出善意，往往就會有不錯的發展結果。

四、回顧式定頻訊息（絕不變成句點王）

假如透過以上幾個方法成功交換 Line 之後，要怎麼繼續私訊聊天呢？相信這也是許多好女人想要發問的。林慧老師說，千萬不要沒事就丟一句訊息說「你在幹嘛？」而是要採用「回顧式定頻訊息」的聊天策略。

例如：他上次有丟一個貼圖給你，你可以回說「上次那個貼圖好可愛，你還有買其他的嗎？可以介紹給我嗎？」簡單說，想要開啟有品質、有來有往的對話，重點是不要讓他覺得你是「沒事找事聊」，而是所有的聊天內容都根據先前的資訊，繼續深入聊天，然後聊天頻率要固定，大概一週一次就好。

那麼，要聊到什麼程度，才能透露自己沒有另一半，想和對方進一步發展呢？林慧老師建議，至少要進行三次以上有品質的互動聊天，以及一次線下的真人相約互動，比如：一起參與社團活動或演唱會、吃飯之類的，就可以慢慢地在聊天過程中不經意稍微透露一點，例如：「好想去看某某電影，但沒有男朋友陪我去看」之類的；當然，實際狀況還是要依據兩人真實的互動狀況進行調整。

不要把搭訕想得太可怕或太複雜，它其實就是一種人際溝通技巧，所以只要想著：你希望被怎樣對待，對方也會想這樣被對待。雖然搭訕不一定會成功，畢竟人心叵測，但還是希望各位好女人如果真心想要認識對方，就放手一搏試試看吧！即便最後沒有發展成戀人，但藉此做到「以策略性思考展現自己」，也是一種不錯的自信心練習。

路隊長說

- 搭訕其實就是一種人際溝通，不用想得太複雜。
- 搭訕不是男生的專利。如果真心想要認識對方，就勇敢為自己創造機會吧！

戀愛軍團軍師介紹 #7

Who is **林慧老師？**

林慧老師是台灣少數全方位跨年齡層口語表達教學的教練型講師，從企業內訓到一對一，從兒童演說到升學面試；包括職場效率溝通與簡報、銷售話術精進與自信表達等，都是她教學的範圍。

現任『林慧老師的說話私塾』創辦人、Podcast『SoWhat 林慧你來』主持人。

FACEBOOK
林慧老師的說話私塾

好女人情場攻略節目建議收聽

S2_ 好女人來信 #01

03／你確定你們是曖昧關係嗎？曖昧必勝心法大公開

#我以為他喜歡我！難道只是欲擒故縱？

「曖昧多久後，才能進行下一步？」
「不知道男生寫這句話是什麼意思？好煩呀！」
「抓不好若即若離的分寸，怕太遠冷掉、太近又顯得花癡……」

「曖昧」，可說是戀愛過程中最美的前戲，這時心思會被對方的一言一行所牽動，想著到底還要多久才能在一起。關於曖昧，我們曾在節目中邀請《好女人的情場攻略》二〇二〇年度收聽率冠軍、高價值女神養成班總教練，人稱曖昧女王的「林品希」，來和我們聊聊關於曖昧的大小事。

品希老師說起學員最常問的問題，就是多久後再回覆男生訊息才比較好？但很多時候，她看了訊息內容才發現，最大的問題並不是要多久回覆才剛剛好，而是「這男生根本沒有愛上她或喜歡她！」有許多好女人都誤以為，只要某個男生經常找她聊天，就代表這個男生喜歡自己，所以會投射很多內心糾結的小劇場。但問題是，男生就還沒有喜歡你，就在那兒想著要如何欲擒故縱，這其實毫無意義；這就像是工作履歷都還沒開始投，就在想薪水要怎麼談，簡單的說就是，你擔心錯方向了。

五張曖昧王牌，讓你們迅速發展出新關係

品希老師從她的經驗和教學中彙整出下列五張曖昧王牌。這五張王牌不用一次全上，一次可以使用兩至三張，就能幫助好女人與心儀對象快速發展成曖昧關係。

一、創造反差，增加吸引力

每個人對對方通常都會有先入為主的主觀意識，然而，一旦這個主觀意識被打破之後，就會開始覺得好玩、有趣，從而為之著迷，產生諸如「原本以為……沒想到她居然這麼健談……」之類的想法，進而更想認識對方。

愛情，就是一場吸引力遊戲，所以你能創造出的反差越大，就越容易吸引人。

以品希老師自己為例，很多男生都覺得長得漂亮的女生肯定很難搞、難親近、難聊，但實際上她是一個相當健談有趣，什麼都可以聊的人，因此就創造了反差。

或許你可能會反問：「那我長相平凡，要怎麼創造反差？」創造反差，不一定要靠外貌；事實上，**創造反差，是一種態度的展現**。例如：一個長相普通，看起來個性溫和的女生，如果個性能在會議上勇敢表達意見、公然與老闆爭論，這也是一種反差；因為你的外表，不會讓其他人覺得是工作能力強的或是敢展現自我的人，這時，就會引起其他男同事的關注與好奇。

因此，觀察一下圍繞在心儀對象周圍的女生，看看她們怎麼做，你要做得和別人不一樣，就有很大的機會能引起對方的興趣。根據我的觀察，很多長得比較帥的男生，對於主動接近和討好他的女生比較沒興趣，反而是那些不太理他們或公然挑戰他們的女生，更容易激起他們想得到的欲望。

二、讓他明白，你對他很有興趣

每個人都希望自己是特別的，希望受到關注。你是否也有過這樣的經驗呢？就是當某個人對你感興趣，會切中要點的與你聊生活和興趣，即便你一開始對這個人沒有什麼特別的感覺，久而久之，是否也會有些改觀，甚至會開始有一些欣賞呢？沒錯，當他人表現出對自己有興趣時，通常大家都會先默默關注、觀察對方，男女皆是如此。所以，只要好好掌握這個心理特性，就能快速進展成曖昧關係。

品希舉例說，她交往前就知道先生喜歡吃大餐，但她是他交往過的女友中，最喜歡吃路邊攤的，所以老實說，老公當時愛吃的大餐，她一點興趣都沒有。但即便如此，她還是想辦法讓對方感覺到「她對他有興趣」。

她開始研究他的臉書，從今天一直往滑到他剛開始使用臉書的那一天，全面了解他的生活、有哪些人是重要的、例行公事有哪些等等；她知道他是醫美的醫生，所以聊天時就常請教他吃什麼膠原蛋白比較好……和醫美保養相關的問題；而這些資訊，都是從臉書知曉的，因此想要和對方曖昧，認真先做功課也很重要！其實我們想告訴好女人們的是，想要和心儀的對象進入曖昧期，女生不要只懂得接球，還要會發球喔，這樣曖昧的主導權才會在你身上。

三、提升他對你的信任感

在曖昧中經常使用「欲擒故縱」，但其實大家都只著重在「縱」的部分，沒有想到必須先「擒」才有辦法「縱」。試想，一個從來沒有被擒住的人，又怎麼會覺得自己被放逐了呢？那麼，要怎麼「擒」呢？那就是：讓他先信任、依賴你到最高點，彼此有了信任、依賴感後，當某天你突然不再這麼做了，對方就會感到恐慌和不安全，進而會主動來找你了。

那麼，要**如何提高信任感呢？就是願意主動多付出一點，讓他感受到你對他的好**。例如：對方感冒，你可以跟他說「剛好經過屈臣氏，買個感冒藥給你」，讓他感覺被照顧了；或是看到什麼○○，覺得剛好很適合你就買了，讓他覺得有被好好關心著。或許你會問：「我這樣做會不會過於主動？這樣好嗎？」但是你仔細想想，那些曾經跟你搞過曖昧的男生，是不是也曾這樣對你呢？唯有成為發球人（主動方），才有辦法把主導權收回，不讓自己成為情緒始終被牽動的那一方。

另外，曖昧期要能讓對象們去想像，以後如果他跟你在一起，會有多幸福？激發他想要與你交往的慾望。你還能這樣做：像是，如果對方跟你說他要出去玩，請注意這時候不要多問，只說「要玩得開心哦！小心注意安全。」因為如果問得太多，會讓他感到你像以女友的身分去叮嚀質問，男生就會感到壓力，會不自覺想到如果真的在一起，壓力可能比山大，而因此打退堂鼓。

四、讓對方感到「不確定性」

各位覺得「曖昧」和「愛情」，最大的差別是什麼呢？

• 曖昧→不確定性。
• 愛情→穩定關係。

很多好女人都誤以為在曖昧期若是發生關係後，男生就會珍惜，進而確認彼此關係，結果卻不如預期，誇張一點，有些男生甚至搞消失。當然，有一部分是男人們真的只是想玩玩，但也有另外一部分的男生，其實不是不想確認關係，而是你「太想要」確認彼此關係的舉動，讓他們覺得壓力大，所以反而打退堂鼓。

不可諱言，大部分的人都有一種叛逆性：你越想要我怎樣做，我就越不想這麼做。因此，解法就是「逆著做」。曖昧期不要急著跟他確認關係，甚至是隔天要像完全沒發生這件事般，或是你根本忘了有跟他發生關係一樣。

我對於節目中品希老師的分享，感到很有共鳴。其實女生們往往不知道，如果你「逆著做」，完全不跟男生確認關係，男生心中也會有一大堆小劇場：「我昨晚表現是不是很差？」、「她是不是不滿意？」進而主動傳訊息，想趕快確認關係。

品希說，這個作法也是呼應了第一點「反差」：過去每個女生都想趕快跟我確認關係，但為什麼這個女生反而沒有消息了。所以，如果你真的很想確認關係，反而要「不去確認關係」，甚至連問都不要問。

五、得失心不要太重

許多好女人的交往方式，好像這輩子只想要得到這個男人般：總說「好難得遇到一個這麼這麼喜歡的男生，但是為什麼他都不理我；他同時好像有很多曖昧對象，我到底怎麼辦？」如果你發現自己對於曖昧對象的得失心這麼重時，請先想想以下兩個問題：

（一）你是不是社交圈太狹隘了？沒有認識太多人，所以只好把重心放在他身上。

（二）選擇權太少？因此認為這個得不到，以後就沒有機會了？

如果你以上兩題都回答「是」，那我誠心建議這些好女人們，趕快去拓展自己的交友圈，才不會被得失心綁架。**一旦得失心太重，就很容易做錯決定，甚至看錯人。**

反之，少一點得失心，不僅更容易做自己，也會更有魅力，吸引到真正對的理想對象。其實，拓展交友圈、生活圈，盡情嘗試各式各樣的新東西，也是一種對自己生命要求的態度展現。即便你做了這些，仍沒有遇見好的對象，或曖昧始終無法修成正果，但至少你會無愧於自己。

所謂的曖昧，說到底就是在「希望」和「絕望」中不斷地循環。**女生也可以玩曖昧的遊戲，不要把曖昧想得太嚴肅，畢竟談戀愛就是要有趣。**至於要如何曖昧的剛剛好？品希和我們分享她的經驗：「有時和曖昧男生很多天沒見面了，偶爾會傳個訊息說『很想你』，男生就會開心地追問說：那要不要見面？但有時我會回『沒辦法，因為最近很忙…』。」

換言之，你可以主動表達，但對方的要求不用全然接受，偶爾適時拒絕，反而會讓曖昧效果加乘。

路隊長說

- 曖昧的高明度，決定你在戀愛關係中的重要性。
- 嘴巴上說說，但不做，是真女神；但如果說了，又做了，就可能是真女僕。
- 沒有承諾的曖昧互動，才是真正的欲擒故縱。

戀愛軍團軍師介紹 #8

Who is **林品希**？

美塔練愛樂園創辦人
高價值女神養成班練愛教練。

七年婚禮顧問及主持人經驗，高級酒店以及飯局培訓師。致力於讓每一個女人的靈魂配的上自己的外表，成為內外兼具的高價值女神。

FACEBOOK
高價值女神養成班

YOUTUBE
高價值女神
課程影音

好女人情場攻略節目建議收聽

S2_EP.150

S2_EP.151

04／原來「被動」也能很「主動」讓他不知不覺愛上你

#女生太主動不行，太被動又沒有後續？

在亞洲文化的戀愛市場中，女生該「主動」還是「被動」，是經常被拿出來討論的話題。在我看來，這其實只是為了應付舊有父權社會下，為了不讓女生遭受批判的一種「應變策略」。

雖然現今社會風氣逐漸開放、多元，不少好女人覺得主動展開追求也未嘗不可，但畢竟傳統觀念早已深植人心，要馬上改變也不是每個人都有勇氣去做的，還有，傳統觀念下能接受女生主動的好男人也較少，有時女性過於主動，不僅可能會嚇到對方，甚至還會被身邊的姊妹或旁人說嘴「倒貼」去追求男生太不值，甚至被貼上「耍花癡」、「綠茶婊」等貶低的標籤。

這麼看來，好女人難道就只能默默等待好男人主動追求、等待緣分降臨，然後就這樣一輩子等到天荒地老嗎？當然不是。在節目中我們曾邀請迷鹿即興排練場創辦人、兩性關係達人張念祖來跟我們聊聊這件事情。

念祖認為，在戀愛市場上每個人都像是攤在魔術桌上的撲克牌。

大家都看過魔術吧？是不是每次都覺得魔術師很厲害，能選到台下觀眾心中所想的結果。其實，魔術師的道具都是setting好的，例如：有兩支筆，一支黑筆、一支藍筆，被set好的是黑筆，而魔術師會以一種「強迫選牌」的方式，誘導觀眾去選黑筆，以便完成後續的魔術表演。然而，怎麼做呢？魔術師也只是普通人，又不是真的會讀心術。

所以如果觀眾剛好選到了沒有set好的藍筆，他就會改變策略，例如：告訴他很幸運，直接把那支藍筆送給觀眾，繼續用黑筆完成魔術。簡單說，這種「強迫選牌」的方式，會讓對方誤以為是自己自由意志的選擇，實則不然。

為什麼在此要特別強調「自由意志」的選擇呢？因為**人對於「自己」選擇的人事物，會更加珍惜與愛護，反之，若感覺是被強迫選擇的，就不會那麼喜歡或**

珍惜了。因此，各位好女人也要像魔術師一樣「布好局」，在意識層面（旁人看得見的行為）按兵不動，而去直搗他的潛意識（旁人看不見的行為），讓他第一眼就看到你、選擇你，誤以為這是他的自由選擇。

那麼具體要怎麼做，才能啟動他的戀愛開關呢？

發任務加布局：讓他覺得自己被需要

首先，先看看念祖和我們分享的兩則真實愛情故事：

故事一：有個男生在學生時代去游泳池當救生員打工，認識了一位前來游泳的女生，他看那個女生不太會游泳，於是就開始教她游泳，後來這兩人就在一起了。日後，他們穩定交往直到畢業、出社會工作。某次，女生帶男生回老家，這男生發現女朋友房間內，掛了許多她高中時代表學校游泳比賽的獎牌。男生說即便他過了好多年才發現，女朋友原來居然是游泳高手，但這完全不會影響他們之間的感情。因為如果當初女友沒有讓他主動教她，也不會有機會認識她了。

故事二：有一對結婚三十年的加拿大恩愛夫妻。先生說，他們兩人是在郵局工作認識的，他是新進郵差，太太是內勤行政人員。剛到郵局任職時他什麼都不懂，經常會漏填表格，剛好每次對口的都是他現在的太太，她總耐心地提醒他哪裡需要補填；來回很多次之後，他開始覺得這個女生真是細心溫柔，漸漸地對她產生一絲好感，便藉著想要謝謝她工作上的幫忙為由約她出去吃飯，後來他們就在一起了。

直到他們的第一個小孩出生後，太太才告訴先生：「其實那時候你不是每次都漏填，而是我把它用橡皮擦擦掉的。」聽完後，念祖反問先生有沒有覺得當時被騙？先生說：「沒有，我只覺得我太太好愛我，她竟然那麼想要和我在一起。」

你發現了嗎？在這兩則故事中，男生都以為自己是獵人，但實際上他們其實是獵物：第一個故事女生給男生「發任務」，第二個故事是「布局」。或許有些人讀到這裡，會覺得「天啊！女生心機好重」、「這樣精心布局，如果不是真愛怎麼辦？」、「難道愛情就不能自然等待緣分到來，等轉角遇到愛嗎？」

關於這些困惑，念祖說：「人生當中玩一點小調皮，讓自己的利益最大化，上帝也會赦免你。」我也深有同感。沒錯，我們遇見愛情的方式有百百種，但是轉角遇見愛的機率就像中樂透一樣，少之又少；而且換個角度想，如果想要中樂透，至少也要穿好衣服走出門買彩券，才有「機會」吧！各位好女人們，你必須給未來的對象一個機會能接近你啊！

畢竟，人生不是電視劇，我們都沒有一個編劇負責編寫愛情劇本，但至少各位好女人們可以為自己創造一個機會，獲得一張進入愛情市場的入場券，至於能不能開花結果，那就是後面的事了。如果連入場券都拿不到，也不用去想後面的開花結果了，對吧？

我記得以前曾欣賞過一位女生，但對方工作很忙、生活每天都過得很充實，那時候覺得自己無法找到機會和縫隙走進她的生活，帶給她更多快樂，所以就默默斷了追求她的想法。畢竟像我這樣的好男人們也是從小被教育，不可輕率接近、追求女生，以免冒犯了界線。雖然這樣不隨便接近其他女生，才是最安全、忠誠的好男生。但遇上這種好男人，需要好女人們給一個機會、一個破口，他們才有辦法勇敢踏出第一步。

戀愛就是種幻覺，快快給他暗示

深諳潛意識迂迴戰法的念祖認為，所謂潛意識溝通就是：「種下一個很小很小的念頭↓讓他產生一些想法↓再讓那些想法變成一種感覺↓這種感覺會促使他行動↓行動之後產生結果」，簡單說，就是「種下念頭，引導他對你產生遐想。」至於，種下哪一種念頭最有效且直接？那就是「性暗示」。

念祖在節目上跟大家分享：「戀愛本身是一種幻覺。」這麼說可能讓許多好女人們浪漫幻滅，但它的確只是上帝讓人類繁衍後代的一種手段；亦即，雖然看似每個人的擇偶條件都不一樣，但其實內涵都是一樣的：「與能提供『最佳基因』和『生殖條件』者，一起繁衍後代。」所以「性暗示」是唯一能勾起好男人原始慾望和行動的作法。為此，好女人必須想辦法讓自己帶有某種生育訊息，讓對方知道你是「女人」、是一個「對象」，而不僅僅只是一個「人」而已。

當然，要發出這種訊息必須拿捏好尺度，因為一旦暗示過多就會驅動意識，讓對方心中的紅燈一亮，反而卻步了。別忘了，誠如我們在第一章有提到的，真正能引起人類付諸行動的是「潛意識」而非「意識」！此外，念祖也補充說明，其實不用把「性暗示」想得太超過或太煽情，因為實際上好女人要做的是「撩撥潛意識而不是這個人」；性暗示只是一個誘餌，目標是要啟動他的內在想法，讓他意識到自己是一個「獵人」，應該要進行一個「狩獵的動作，進而展開追求的行動」。

順帶一提，我發現現在的社會為什麼無法狩獵的「草食男」這麼多？這是由於今日有太多免費媒體娛樂能幫助他們「自行消火」，解決原始欲望的需求；而且，很多男人也害怕被女生拒絕、失敗，自尊心受損呀！

總歸，念祖說：「讓對方『感覺』他可以吃到你，不等於對方『真的可以』吃到你，守住那條線，你依舊有辦法透過潛意識溝通，引導他對你產生遐想，從而有進一步交往的可能」。畢竟，就和「機會」一樣，如果兩人只是一直處在曖昧階段，沒有正式交往、相處，就永遠不會知道他是不是Mr. Right。至於具體的潛意識溝通方法到底是什麼、該怎麼做呢？將於下一篇詳盡介紹和說明。

路隊長說

- 透過潛意識布局，讓自己成為愛情市場上永遠被翻牌的那位。
- 成為自己的人生編劇，勇敢為自己創造遇見愛情的機會。
- 選你所愛，才會愛你所選，在戀愛上更是如此；利用潛意識驅使對方先行動，才是王道。

好女人情場攻略節目建議收聽

S2_EP095

S3_EP025

S1_EP111

S1_EP112

05／悄悄收服「他」！潛意識溝通三大方法

和姊妹一起參加聚會，男生卻總是看上你的閨蜜？

在正式說明「潛意識溝通」的方法前，有個前提很重要，就是外表至少要能讓人覺得「順眼」。有句玩笑話說「人帥沒煩惱，人醜性騷擾。」當然，這意思不是說，如果你不是帥哥美女就不能使用潛意識溝通。畢竟，美醜很主觀，每個人所喜歡的類型都不盡相同。

這裡所謂的順眼，指的是基本給人的視覺標準要先過關，例如：穿著至少需乾淨整齊、懂得畫一點淡妝讓自己氣色看起來更好等等；如果連低標都沒有達到，即使做再多暗示，也許都是徒勞無功。以下，是念祖在節目中介紹的潛意識溝通的三大方法，一起來看看吧！

一、製造「錯位」

1. 空間錯位

建議和曖昧對象出現在「充滿情侶」的空間，那他在逛街過程中就會一直不經意看到一對對情侶們，這就會成為一種暗示。

當你逛 IKEA 時看到一對男女，會覺得他們是什麼關係呢？八成是伴侶關係吧？所以，可以找他一起去逛 IKEA 或其他充滿情侶的地方。另外，聰明的你可能會舉一反三，想著「IKEA 有很多床鋪展示，那是不是可以邀請他去床上坐坐呢？這樣的暗示可以嗎？」當然不可以！因為「上床」這樣的性暗示太過於直接。

念祖建議，取而代之，如果可以一起試坐沙發則更好，但千萬不要說什麼「如果我們有一天可以一起坐在沙發上看電影……」這類的話，暗示太多則適得其反，反而意識會亮起紅燈，可以說：「這個沙發好像不錯，以後可以放在我家。」**最高超的暗示技巧，就是要好像是在講你自己的事情，但其實是講給目標聽的，燃起男生的幻想能力，自行腦補與你同處一個空間的戀愛畫面。**

關於這一點，好女人的忠實聽眾也有所回饋。有個女聽眾分享她從小的夢想，就是想和喜歡的人一起逛超級市場，因為這有一種「為『我們』的家」一起買東西的美好聯想。因此，念祖也建議了另外一種作法，如果對象是公司同事，可以找他一起採購團康活動需要的食材，藉機營造空間錯位，也不用擔心動作會太明顯而被說閒話。

2. 事件錯位

原本只會和家人一起做的事情，可以找曖昧對象一起去。例如：請他幫忙挑父親節禮物，藉口當然是因為男生會更了解男生喜歡什麼；如果要和叛逆期的姪子去看棒球比賽，不如邀請曖昧對象一起去，因為男孩和男人對於棒球話題通常比較有話聊。以上，諸如此類，邀請他參與你家族內的事物，除了能快速拉近兩個人的距離之外，實際上也有「發任務」的作用，讓對方感覺自己是被需要的。

但在事件的選擇上必須拿捏好分寸，畢竟你們在這個階段還不是男女朋友，若請對方做出太像男朋友才會做的行為，例如：到你家修馬桶、陪同出席婚宴，這麼直接就反而就失去暗示的效果了。

3. 氣氛錯位

你是否想過約對方一起去看台北一〇一跨年煙火或新北耶誕城，但又擔心這樣做太像情侶間會做的事情，直接啟動對方的意識紅燈呢？其實有個更聰明的作法，你們可以一起到那附近晃晃，先做其他事情，比如說：找一個理由去活動附近的百貨公司買東西，再隨口說一句：「那邊好像人很多很熱鬧，要去看看嗎？」另外，由於這種活動附近，一定會有很多情侶出沒，也可以藉此創造兩人好像是在約會的氣氛錯位。

4. 畫面錯位

再次重申，能啟動潛意識的最佳念頭種子，就是「性暗示」，所以與曖昧對象相處時，記得要永遠把自己放在「有性暗示或有情侶」的畫面裡。各位好女人去餐廳吃飯時，會選擇座位背後是牆面？還是背後有很多其他情侶、顧客和時尚吧台的座位呢？

或許，你會選擇前者，心想這樣對方才會專心看著我，和我聊天說話吧？可以，如果你對自己的聊天技巧很有自信，能 hold 住場面不讓對方感覺無聊尷尬，那麼，你就可以這麼做，但是這樣也就無法進行錯位暗示了。酒、吧台、帥哥美女、其他情侶等等，這些都是能引起性暗示的潛意識符號，當你們一整個晚上用餐時，對方都看著你以及你身後的那些暗示符號，他的潛意識就會被默默啟動，突然覺得自己好像對你也有戀愛的感覺。

那麼如果是在室外呢？就讓自己的背景永遠是漂亮的美景吧！這樣他每次欣賞美景時，你也會一起映入眼簾，看到美景，會不知不覺中發現眼前的你很美，進而連結到一些更美好的畫面。

除此之外，利用條狀物，與之進行親密互動，也能產生有效的畫面錯位。諸如：吃冰棒、吃熱狗、吃香蕉……別誤會，我不是要你很煽情的吃，你只要自然、健康的吃，就能有效驅動視覺男性的原始欲望。因為男生看見你與條狀物的互動，大腦會很自然地產生一些化學變化，進而非常容易產生有關性方面的幻想，這種感覺，就像所有人看到炸雞或美食自然會肚子餓、流口水、想吃，是一樣的道理。

男性是視覺的動物，各位好女人們，何不好好善用男性這個容易掌握的原始天性，將曖昧對象成功收服呢？

二、在圓心外圍「游移」

先想像對方是圓圈的中心，要啟動潛意識的不安於室，你必須在圓心外圍游移徘徊，而不是直搗圓心，所以採取的行為都必須小小的。例如：

- 情人節送巧克力太過直接，可以改送榛果拿鐵或其他巧克力飲品；如果對方有所察覺，就說剛好買一送一。
- 比起寫情書，更適合寫張留言字條或便利貼給他，這樣能達到與情書相近的書寫暗示，但記得，不要在字條上畫愛心，這樣做太直白。
- 直接約看電影太明顯了，建議多找機會和對方聊電影、聊戲劇，並在話語中暗示，基於喜歡看的戲劇類型相同，或許之後可以一起去看電影，預留伏筆。
- 想和對方拍照，但只有兩人自拍，意圖就非常明顯。不妨趁著公司出遊拍團體照時，刻意站在他的旁邊，營造兩人自拍的氛圍。

當然，關於游移的作法還有很多很多，相信每位好女人都有舉一反三的無限創意，只要記得一個重點**「足以讓對方感受到些什麼，但無法真正確認，因為最好的滋味就是耐人尋味」**。

三、把自己包裝成「獵物」，暗示對方可以行動

念祖再次重申，男性是視覺的動物，所以從外型下手將自己包裝成獵物，效果最好。但別誤會，不是要請你做外型大改造或穿得很暴露，而是運用一些視覺上的小小巧思就可以了。

例如：穿著上展現曲線，例如：窄裙、稍微緊身的衣服；以及洞洞裝、網襪、半透明裝或是有綑綁（繩索）設計的服裝，都能在潛意識中，暗示自己是一個「獵物」，身為獵人的他應該要進攻了。

關於這一點，或許有些好女人會覺得自己身材不好，胖胖的，沒有自信駕馭這種衣服。各位好女人們，美是很主觀的，各種身形胖瘦都會有人愛，所以應該做的不是企圖去掩飾缺點，而是找到特色、優點加以強化突顯。

比如：身材豐腴就戴墜子項鍊、鎖骨漂亮的可以戴一圈細項鍊、脖子的曲線很美就把頭髮往一側放……總之，藉由衣服、飾品、造型、打扮的巧思，將「我是獵物」的符號隱藏其中，並試著引導對方的視線，讓他看見你最性感的一面。

以上念祖所提的三大潛意識溝通方法都做到之後，最後一步要結案了，就是「調情」。這個調情，也不是要各位直接巴到對方身上，而是「不經意的肢體碰觸」。可以怎麼做呢？

- 選擇有並排座位的餐廳，如此在用餐過程中，就能自然創造不經意的肢體接觸。

・一起逛大賣場時，裝東西或是傳遞物品時，可以不經意手指輕碰一下。

其他，還有很多「不經意肢體碰觸」的方法，相信每位好女人都能觸類旁通，想到更多有創意的方式。但別忘了，一秒鐘以內的觸碰才是「不經意」，對潛意識有效，一秒鐘以上的觸碰很容易驚動到意識，如果對方對你的好感尚且不足，那他的防禦之心可能會升起，甚至認為是騷擾喔。

總之，無論是調情或是碰觸，都必須恰到好處，才能確實發揮效果。

潛意識溝通，平常就要刻意練習

關於潛意識溝通，念祖建議好女人們平日就必須「刻意練習」，待熟練之後，未來遇到喜歡的人，才能自然的使用出來。當然，進行了潛意識溝通不等於就一定會開花結果，若以上招數都使用了對方還遲遲未行動，就可能表示對方死會、是GAY，或是真的就是對你無感。

但即便如此，也不要太傷心，因為**潛意識溝通也是一種吸引力練習，越熟練就越能展現出你的魅力，有朝一日一定能吸引到欣賞你的人。**

路隊長說

- 只要改變一些小動作，就能默默擄獲他的心。
- 念祖在準備這集內容時，特地為好女人們找來這支日本知名的雪糕廣告作為示範。以「聯誼的連續技」為題做了一首廣告MV，當中有不少潛意識溝通方法。看一看，你能發現幾種？實際又運用了哪些呢？

好女人情場攻略節目建議收聽

S2_EP095　S3_EP025　S1_EP111　S1_EP112

不是每段感情都能走到最後，不是每段婚姻都能一輩子幸福下去；心碎、痛苦、失去……這才是真實人生。

面對突如其來的失去或分開，我們當然有資格讓自己盡情痛苦、盡情悲傷，痛痛快快地哭幾場。只是在釋放情緒之後，別忘了再度擁抱自己，因為這些只是漫長人生的一小部分。

本章想告訴大家不要害怕「失去」，也提供各種能幫助好女人們重拾自信和自我的方法，盡早走出傷痛。

chapter 3

分手其實不可怕，
優雅轉身、讓愛自由

01／失戀急救箱！走出低潮三步驟

「我失戀了，怎麼辦呢？」這是許多聽眾經常詢問的問題，而我也發現，其實很多聽眾都是在失戀之後，才開始收聽我們節目的。

失戀，很傷很痛沒有錯，但絕對不是世界末日。我在節目中，曾經邀請過許多來賓和各位好女人、好男人分享如何走出失戀的傷。其中大叔診聊室的主理人Vito大叔就曾和我們分享走出失戀低潮的三步驟：

一、哭過，就好了

二、想通了就不糾結了

三、不愛了就沒事了

#
失戀心好痛……，
如何快速走出情傷？

乍看之下，這三個步驟好像很理所當然，但根據我的自身經驗和觀察，其實光第一點就有很多人做不到。很多人在失戀的時候會故作堅強，尤其是男生，催眠自己一切照舊，什麼事情都沒有發生。但其實「哭泣」這道程序非常重要。

Vito 大叔就分享自己有次失戀之後，明明過了很長一段時間，卻還是一直覺得渾身不舒服，但哪裡怪卻又說不出來。直到他看了電影《麥迪遜之橋》，當電影結束最後一幕配樂響起時，終於忍不住放聲大哭，連自己都被嚇到；但同時很神奇地，瞬間不舒服、痛苦的感覺被治癒。

Vito 大叔說就是這次的經驗，讓他體悟到「哭出來」非常重要；他建議，如果實在哭不出來，不妨看小說、聽歌或看電影，總之，就是要好好地大哭一場，要哭到像是辛曉琪的歌曲「領悟」一樣。

大哭一場除了能釋放情緒，更重要的是解決完情緒之後，理智會浮現，好好靜下心來思考這段關係對你的意義。在情緒中時，許多人會想著「到底我哪裡做不好」，但釋放情緒後，較能抽絲剝繭，理智思考「事情從哪裡出了差錯」，想清楚自己是甲方還是乙方、是受害者還是迫害者（讓對方離開的人）。

與此相對，如果只是一直陷在情緒裡面，其實很多想法都是「自以為是的幻想」而非事實。

經過前兩個階段之後，或許就會發現「他沒什麼好愛的」、「他從來沒愛過我」或「我從來沒喜歡過他」，如果是這樣，便能輕輕地放下這段戀情。此外，相信每個人失戀時，或多或少都有「被拋棄、價值感低落」的情緒產生。

老實說，有這樣的念頭也沒什麼不好的，就像《被討厭的勇氣》這本書的觀念，我認為其實每個人也都應該擁有「被否定的勇氣」；記住，是「勇氣」而不是「一蹶不振」，如果能將這種被否定的感覺，轉化成一股能量，重新認識自己，了解自己在關係中真正想要的是什麼，或許這個失戀對你而言反而是一個禮物。

透過冥想，將「心」空出來，迎接新關係

上述 Vito 大叔分享的走出失戀低潮的三步驟，就像是一個咒語，畢竟人在失戀中很容易就「明明這一秒告訴自己要振作，但下一秒又陷入負面的情緒風暴中」。所以，建議各位好女人和好男人，不妨將這三步驟寫在隨處可見的地方，時時提醒自己：失戀不可怕，可怕的是走不出失戀的情緒。除此之外，我也很推

薦大家參考能量療癒師「梁文齡」的失戀急救包，她根據書籍、個案和自身經驗彙整而出的四種具體療傷作法，如下：

一、找同性朋友的陪伴，釋放情緒

可以打電話給朋友、出去逛街、喝喝酒，總之，先讓自己專注在其他事物上。然而，即便是交情多年的超級好朋友，他們的耐心還是會有限，可能會覺得你怎麼這麼久還沒走出來。所以如果你發現即使經歷過一段時間朋友的陪伴，還是走不太出來，接下來要做的，就是「陪伴自己」。

二、自我對話，允許自己生氣或哭泣

這個作法，其實就回到Vito大叔說的「唯有哭過之後，理智才會出現」。這時，請接受自己的任何情緒，你可以生氣，盡情打枕頭、發洩情緒；自言自語，一直質問自己，究竟為什麼關係會走到這個地步等等，花一些時間沉澱。

除了哭泣，練習發洩憤怒也非常重要。因為憤怒是情緒的第一防線，保護我們免受傷害，你會發現，有時或許必須先憤怒一波，才能看見內在受傷脆弱的那個自己。當你真正看見，才能進一步釋懷。

三、舊物斷捨離

丟掉所有前任送的東西、相片；最重要的，要取消社群追蹤，甚至刪除好友。這樣的斷捨離不容易，或許有些人會說自己念舊，或覺得還是能和前任當朋友。不過，正所謂「睹物思情」，即便你的意識理智說「這只是作為紀念」，但潛意識「就會一直對這個人念念不忘，有著一絲想要復合的渴望」。因此，請務必勇敢果決的斷捨離，如此一來，才能盡快走出失戀的痛。

四、專注在自己身上，把想做的事情寫下來

再次重申，失戀是重新認識自己的契機。當傷心難過達一定程度之後，把生活重心收回到自己身上，想想有什麼事情是之前在關係中很想做，因為對方的關係，所以不能做的，寫下清單，並逐一實踐。例如：**很多人會開始慢跑，或是投入健身，從而變得更健康有自信，或是透過旅行重新認識世界與自己。**

最後，作為一名希塔（Theta Healing）療癒師，文齡也和我們分享了一段能幫助大家跟前任斷捨離的冥想練習，誠心建議各位好女人和好男人們，一定要找時間靜下心來試試看。

「現在，用你最輕鬆舒適的方式坐著。把眼睛輕輕閉上，閉上之後，做三次的深呼吸。隨著每一次的吸氣，想像有一些白光吸進你的胸口，在吐氣的時候，把所有的思緒、雜念、負面情緒能量全部吐出去。

讓你自己專注在呼吸上面，接下來，到第三次深呼吸時，想像全身都被白光包圍住，你處在一個燦爛耀眼的白光空間中。接著，請選一個你想要斷捨離的對象，不管是初戀或前任，想像這個人出現在白光中，站在你的面前，然後，你可以在心裡面，稍微想一下這個人當初是如何傷害了你。（想到這裡可以先暫停一下，直接開口說出對方如何傷害你，或在腦海中述說也可以。）

跟他說完後，接著請跟他說三次以下話語：「不管你對我做了什麼，我都原諒你，我原諒你，我原諒你。」接著，再跟他說以下這一段話：「你是我的前任（或初戀），謝謝你曾經的付出，我們分開（或沒能在一起）的這件事情，我願意承擔起自己的責任，當時你有錯，我也有錯，對於我們之間出的錯，我們都承擔自己的責任，我呢，也把屬於你的責任，還給你。現在，請你祝福我，我要往前進了。我也祝福你，謝謝你曾經在我的心裡，從今天開始，我自由了。」

接下來，我們再跟對方說三次：「對不起，請原諒我，謝謝你，我愛你。對不起，請原諒我，謝謝你，我愛你。對不起，請原諒我，謝謝你，我愛你。」然後，想像你的手上出現了一把剪刀或美工刀。現在，請你切開你過去和他相處的那段時光；想像那個時空就像一塊布，現在，把它一刀兩斷。

而在一刀兩斷之後，就請轉過身背對它。然後，想像你向前走，走入你的新生活。然後因為我們現在是在白光中，所以你現在要想像面前有一道門。數三、二、一，我們一起推開那道門：三、二、一。

現在，你推開了那道門，並再次穿越了一道很強的白光，接下來你會看到的是，你這輩子的靈魂伴侶，他正在等你，請你飛奔過去、好好地擁抱他。然後，你會聽到對方跟你說『你終於來了，我等你好久了。』這時候，請你也跟他說『謝謝你愛我，我終於來了。』

現在，你可以花一些時間，好好沉浸在跟你真正理想的伴侶，擁抱的這個美好時刻。等你準備好之後，就可以慢慢把眼睛睜開，結束這段療癒冥想。以上的冥想練習，文齡建議在每一段戀愛中，都能使用，不論是初戀、前任，甚至是沒有修成正果的暗戀對象。唯有做好心中的斷捨離，才有辦法把自己「心」空出來，讓真正適合自己的理想對象，走進來。

路隊長說

- 在愛情中，沒有真正的贏家，大家都是來學習的。因此，失戀並非「他否定你」，而是「你們都得到一個機會」。
- 時間，是走出失戀的最好療方，但不要花太多時間沉溺其中，畢竟青春有限，自己的青春只有自己能守護。
- 愛情，其實不是跌倒了就很難前進，而是當你爬起身，才能看到前方等你的身影。所以，請勇敢地爬起身來，未來一定有屬於你的幸福，在等著你！

**好女人情場攻略
節目建議收聽**

S2_EP159

S3_EP099

戀愛軍團軍師介紹 #9

Who is **Vito?**

《倒數 60 天職場生存日記》作者，一位平凡的大叔。在 2020 年因為 COVID-19 失去了工作，透過書寫日記，記錄下自己開始斜槓寫作、發展個人品牌、轉型成為多元自由工作者的心路歷程。

希望幫助在職場上迷航的人們找回自己、找到方向、找出下一步，跟著自己一起重新再出發，向人生的下一站幸福勇敢邁進。

目前為多元自由工作者，同時擔任專欄作家、職場教練、職訓講師，並經營【大叔診聊室】以及主持 Podcast 節目【粉紅地獄辛辣麵】。

WEB
Vito 大叔

戀愛軍團軍師介紹
#10

Who is **梁文齡 Wenling** ?

幸運療癒師 Wenling 是曾抽中 Mac/ 亞洲來回機票 / 日本全年免費住宿券等大獎，也為身邊的人帶來幸運能量的超級幸運兒。

她也是能量療癒師，綜合運用希塔療癒、般尼克療癒、擴大療癒每年改變破百位客戶人生，透過心靈諮詢、遠端療癒、祈福儀式等解決各種人生困擾。

她從 2015 年起至今舉辦了 14 屆「七週遇見對的人」讀書會，學員最快三個月至半年脫離單身，讓這本書賣到斷貨後，受邀為 2022 年 3 月的暢銷增訂版撰寫推薦序。

幸運療癒師 Wenling
臉書粉專、官網
工作坊

CLASSIC QUOTATION

好女人金句

把「失戀」綁上緞帶，
當成禮物送給自己吧！

02／直視失戀三階段，奪回幸福的逆轉勝

＃走過痛苦，放手讓自己自由！

失戀對許多人來說，都是很難過的一關。正因為痛很深，其中蘊藏的寶藏更加驚人。如果只專注在失去及無可挽回，就會沉浸在痛苦中無法自拔。若是能把失戀的經驗當成墊腳石，就會成為邁向幸福的最佳台階。在面對失戀的時候，通常會經歷心理學中有所謂的「悲傷五階段」：否認↓憤怒↓討價還價↓沮喪↓接受。第一章曾出現的來賓——NLP執行師小紀老師，她認為失戀也有所謂的「失戀三階段」：**抗拒期、崩潰期、修復期**。

在此之前，我覺得有必要讓各位讀者，先好好聽一聽小紀老師的追愛故事，就會知道為什麼由小紀老師教大家走出情傷失戀，是最有說服力的。

誠如在第一章中曾提到的，小紀老師在二十四歲時就立志要結婚，但在勇敢追求理想伴侶的十五年時間內經歷了八段情傷；十五年來反覆翻攪的痛，沉重到只能用嘆氣來代替呼吸，在那段時間裡，小紀老師發現自己的愛情劇本重複上演著「我愛的人不愛我，愛我的人讓我想逃。」劇本反反覆覆直到了三十九歲，對愛情幾乎已經不抱希望，但當小紀老師改寫了自己的「失戀劇本」之後，神奇的事情發生了：她在一百天內就和真命天子結婚，而他們閃婚到現在十一年，每天仍會像熱戀般擁抱，彼此就像好朋友一樣的聊天，過著溫馨幸福的生活。

小紀老師每次上節目時，都會不斷地告訴聽眾：「如果情傷如我都不曾放棄，如果絕望如我都能改變命運，找到理想伴侶，那相信大家一定也可以，因為幸福真的比你想得更容易！」

沒錯，失戀真的很痛，但雖然很痛很難過，但至少這樣的你，是深刻地感受過「會呼吸的痛」，會覺得人生在世沒有白白走一遭；沒錯，失戀感覺像世界末日，覺得這輩子再也不會遇到這麼好的人，雖然這些都不是真的，但也請允許自己有這樣的想法。最後，要相信，失戀是很正常的，甚至它還可以當作一個禮物，送給自己。

來！改寫你的「失戀劇本」

那麼，到底要如何改寫「失戀劇本」呢？首先，就是認識什麼是「失戀三階段」，並做好每個階段必要的自我練習和自我療癒。

一、抗拒期：接納自己所有的狀態與情緒

分手失戀之初，想必大部分的人都不願意承認這個事實，總想著是否有復合的可能？同時，還會夾雜著難過、懊悔，甚至狂發社群限動，希望對方看見「你現在真的很難過，可不可以不要分手」等，不相信分手已成定局。

然而，小紀老師說「抗拒愈大，能量就愈大」，也就是說，當我們越抗拒某件事情的發生，反而會使我們更在意這件事情，導致陷入情緒中遲遲無法走出。因此，在這個時期要做的事情，就是**「接納自己」**：傷心就傷心、難過就難過，不要假裝沒事、假裝堅強。接納自己所有的情緒狀態，即便發現有抗拒也沒關係，就是接納；忍不住想念前任時，也不要逼自己不去想，也別責怪自己，想他時就放任自己思緒自由流動，不要壓抑悲傷和憤怒，因為唯有這麼做，排山倒海的負面情緒才會被承接住、安放好，否則它就會像冰山之下的龐大潛意識，默默影響著未來，一再重蹈失戀劇本。

二、崩潰期：善待自己，不要自我攻擊

當認知接受了：「他真的離開了。」崩潰期就開始發作了！這個時期，通常是因為對方已經有了新對象，或覺得他已經走出失戀陰霾，而自己卻被徹底的拋下；這時，心中彷彿有一個大空洞補不起來，每天都像行屍走肉，只剩下一副軀殼，內心完全被掏空了。

這種時候，很多人會想要借助星座、塔羅的力量，拼命算命詢問：有沒有復合的可能？他心中還有我嗎？我可以做甚麼來挽回？我做錯了甚麼，為什麼他這樣對我？以上這些，都是很典型的失戀必問題，但追問這些問題，只會把你帶進更負面的情緒黑洞裡。為什麼？因為這些問題沒有解答：這個人已經離開了、不愛就是不愛了，沒有任何理由可以解釋。換言之，一味地拼命問這些沒有正解的問題，只會讓自己的情緒更差。所以，**要問自己「好」的問題：發生這些事情，對我有什麼好處？**

很多人走不出情傷，是因為一直在「想像」對方的好，覺得再也遇不到這樣的人了！甚至在腦中不斷上演小劇場，想著如果當時怎麼做，就不會走到分手的地步了。但實際上真是如此嗎？很多時候，當你能從客觀立場、跳出來觀看這一切，會發現你並沒有那麼不好，而對方其實也沒有那麼好。

轉念，雖然只發生在那一瞬間，但後勁十足；雖然要抓到那個瞬間不容易，但不容易不代表永遠不會成功。小紀老師建議，轉念的最佳方法，就是「把焦點從對方的好，轉到發現自己身上的好」。首先跳脫自己成為旁觀者，把痛苦的自己當成是需要被安慰的朋友，然後去發掘這位朋友的優點。例如：「你很善解人意，值得更好的人」、「發生這樣的事情，發現其實你還蠻勇敢」、「以前總認為自己無法獨處，但失戀後才發現，原來你也懂得和自己相處。」以上諸如此類，開啟善待自己的對話，鼓勵自己、讚美自己，想想看自己哪裡好，並「有意識的」去察覺並記錄它。

剛開始可能會有一點困難，所以小紀老師說可以先從每天發現一個「小小的」好開始，例如：「我覺得我笑起來也蠻可愛的」、「我的牙齒也長得蠻漂亮的」，不要小看這些「小小的」力量，積少成多，就會變成一個巨大的正向力量。另外，我也發現，很多人交往熱戀之後，總是為了全心全意配合對方，慢慢地失去自己，甚至放棄原有的興趣。或許，也可以趁著失戀的期間，找回過去自己喜歡的事情和喜好，也不失為善待自己的好方法。

三、修復期：重新規劃戀愛新藍圖的好時機

失戀不是終點，而是另一個起點；如果要繼續往前進，就要知道方向。小紀

老師說，她以前失戀時，滿腦子都想著：「為什麼這個男生離開我？」、「我做錯了甚麼？」「還是我不夠認識男人？」、「到底男人都在想什麼？」

正因為小紀老師心中冒出的問題，她才開始讀很多書、研究兩性關係，想要從中得到解答。每一次的情傷，小紀老師總是會帶著問題找答案，這一次又一次的尋找及發現，奠定了往後婚姻幸福基礎。事件的發生不會決定命運，你選擇回應的方式才會決定人生的走向。如果只是沉浸在失去的痛苦，只會收穫痛苦的結果。如果專注在下次如何做的更好，就會從每段情感中學習及成長。換言之，把每段失戀視為電動玩具的闖關，既然是失敗了，唯有找出更好的解決方法才能挑戰成功，而不是一味地責備自己不好，因為責備並不能解決任何問題。

那麼要如何規劃新藍圖呢？好問題可以帶來好答案，小紀老師想請每位經歷過或正在經歷失戀所傷的人，回答以下兩個問題：

（一）你想要什麼樣的人生？

（二）你想要什麼樣的伴侶？

就像愛麗絲夢遊仙境的故事，當她向兔子問路，而兔子反問她要去哪裡時，她的回答竟是：「我不知道！」在這個情況下兔子回答：「這樣你往哪一條路走都沒有關係了！」當你對未來人生的幸福藍圖沒有圖像時，除了潛意識無法發揮作用外，要發禮物的宇宙也一樣不知從何給起。充滿迷惘的能量，只會吸引跟這個頻率一樣的狀況來到你的生命中。誠如之前提到的，失戀是一個新的起點，要趁這個時候好好建構一下未來的幸福藍圖，才能走進你想望的新世界。

理想伴侶清單，請這樣寫

想要甚麼樣的伴侶，可以透過列「理想伴侶清單」來釐清。經常有人問小紀老師：「我已經列伴侶清單很多年了，為什麼還是沒有吸引到理想伴侶？」所謂方向不對，努力白費，列伴侶清單是有許多小撇步要做到才會產生力量的。

很多人在列清單時，都會想著「對方要有什麼條件」來滿足自己。例如，某位小紀老師的學員寫下「希望對方個性很好，可以包容我的壞脾氣」。為什麼覺得這個條件很重要呢？原來這位學生的原生家庭的媽媽是一位脾氣很暴躁的人，而自己也是個情緒容易失控的人，所以希望另一半能有好脾氣來包容自己。乍看之下這樣好像很有道理，可是從自然定律物以類聚來看，當內在是情緒不穩定的頻率，自然會吸引到同樣頻率的人。

沒錯，或許交往初期會覺得對方脾氣很好，但如果你一直壞脾氣，即便兩人真的在一起了，這樣的關係長期下去，溝通模式會是對等的嗎？可想而之，這樣的相處終究會失衡，人可以忍耐一時的壞脾氣，如果長時間委曲求全，總有一天隱藏的情緒會像山洪爆發不可收拾。你們或許可以快樂一陣子，但不會快樂一輩子。

所以在列清單時，如果發現自己寫下的條件，總是以一種「希望對方ＸＸＸ來接納自己的○○○」，或許就要回頭檢視自己；以上述為例，這位學員該釐清調整的應該是自己的壞脾氣，這樣才能改變生命的吸引力。後來藉由小紀老師的協助，發現原來是原生家庭的影響，他的爸媽經常吵架，而他覺得這一切是因為媽媽的脾氣不好才引起的，所以他就希望是對方也能包容他的脾氣，以為這樣就不會有爭執了。

由此可見，事實上，列理想清單的目的是回頭觀看自己，而不是要找一個人來搭配自己的理想條件；亦即：**先拿清單檢視自己，而不是拿著清單去找人，因為真正幸福的源頭，一定都是是從自己開始的。**

最後，記得「活在當下」最重要，因為過去無法改變，未來尚未發生故無法掌控，唯一能做的是把握現在。事實上，你的現在是過去累積、選擇而來的，那麼，你的未來，是不是就從現在開始選擇呢？**人生最美好的一段時間、一個點，就是現在**。因此，在現在失戀的這個點，怎麼去規劃下一步，將決定你如何創造未來。

在我看來，這兩道問題其實都是很重要的人生課題，但人總是要在受挫折、失敗、低谷時，才會靜下來想事情，所以，何不好好把握失戀的機會，反思這些問題呢？

路隊長說

- 學習從歷史的眼光，以明天為目標，來分析今天的事情。
- 沒有完美的合適，只是適合的完美。
- 你要成為對的人，才能吸引來對的人。

好女人情場攻略
節目建議收聽

S3_EP104

S2_EP162

03／運用愛情的種子法則，找出忘不了前任的原因

對前任念念不忘？如何學會優雅轉身？

近來，大S和韓星具俊曄二十年後再度復合的新聞，傳為佳話，眾人紛紛覺得「這才是真愛啊！原來真愛等待二十年也會來！」但話說回來，我二十年來手機號碼也沒換啊！不過都只接到過推銷電話，哈。沒錯，或許這樣的緣分真的存在，但它可能就像中樂透一樣，機率非常的低。

事實上，我發現身邊很多女性朋友們之所以忘不了前任，好像某種程度不是真的很愛，而是出於一種「比較心態」而念念不忘。她們二十幾歲當時的約會對象或許都比較優秀、條件比較好；但到了三十幾歲之後的約會對象，相對二十幾歲時就沒那麼好了，所以會產生比較心態，因而感到挫折。那麼，究竟一個人忘不了另一個人的原因是什麼呢？

親密關係專家 Lily 曾慧俐老師認為，**很多人之所以放不下前任，不是因為還喜歡這個人，而是喜歡這個人給的「感覺」**，例如：優秀的「感覺」、經濟能力好的「感覺」……為此，失戀之後，與其和前任一直藕斷絲連、期待著復合，Lily 老師鼓勵大家去發掘你喜歡的人的身上的「特質」，而不是糾結在某個人、那張臉；因為這個感覺和特質，不會只有前任有，其他人可能也會有。

「真的是這樣嗎？」或許有些人相信，有些人懷疑。所以，針對這一個概念，我要用「種子法則」來跟各位進一步說明解釋。

「種子法則」：你喜歡的只是這個人給你的「感覺」

江湖人稱「豐翔哥」的蔡豐翔老師，是國內數一數二深入研究種子法則的實踐者，他自己就是透過種子法則，戰勝了憂鬱症。他說，所謂的種子法則，就是一種「倒果為因」的思考方式，例如：看到玻璃杯，一定會知道玻璃杯是玻璃做出來的；看到西瓜，一定會知道是西瓜籽種出來的。

換言之，就是從結果推論，事情發生的原因。聽起來有點抽象，對吧？那麼，來聽聽《愛的業力法則》中所提到的「筆的故事」。

對我們來說，手上拿起一支筆時，正常的思考就是「筆就是筆」，可是以種子法則的角度來看，筆它是來自於我，是我創造了筆出來。怎麼說呢？

試想第一個場景：如果今天有一隻狗狗跑進來，你在牠的面前把筆晃一晃，狗狗會拿起那支筆寫字嗎？不會。牠一定會用嘴巴咬或鼻子去聞；此刻，同樣是筆，對狗狗來說可能就是一個磨牙玩具。

再轉換到第二個場景：假設把筆放在桌上，你離開了，狗狗也被抱走了；在這個空間沒有狗沒有人，空無一物的狀態下，桌上的那個柱狀體，在那個當下「它，是筆嗎？或是，它是狗的玩具嗎？都不是，答案很簡單，就是『它什麼都不是』。」接著，又到了下一個場景。人和狗都回來了。

假設狗狗先進房間，它看見了桌上的東西，會認為它是玩具；而人再走進來，拿起這個柱狀體，它就是我的筆。換言之，在既有人也有狗的情況下，同一個柱狀體會同時是玩具，也會是筆。取決在誰？觀察的主體。

正在讀這本書的你，你們都是主體，你們都是自己世界的主體，所以你正在觀察著這個世界的萬物；**這個世界的萬物，是因為你的「觀察」而存在，也就是說**

「是你的視角，創造了你的世界。」因此，「我覺得」是關鍵字，例如：我覺得某個男明星很帥，那個帥是在那個男明星身上嗎？不是，是在說出那句話的人身上。

重點來了，很多時候之所以忘不了前任，是否發現你的話語中都有「我覺得」的關鍵字：「我覺得他很好」、「我覺得我還喜歡他」、「我覺得沒有他我活不下去」……這個「我覺得」實際上就是「感受」，是你感受如此，並非那個人存有那種真實特質。

簡單說，呼應 Lily 老師的說法，我們喜歡一個人，不是喜歡這個人，而是這個人帶給我們的感受。但是我們的頭腦，一直在騙我們，我們喜歡這個人。「我覺得我沒辦法離開他。」錯，你離不開的是他帶給你的「感受」。在愛情中，我們要的是感受，而不是這個人，人不是重點。那麼，為什麼會有這樣的錯覺，因為「感受」必須有物質的條件才會存在，而人就是這個傳達感受的媒介。

所以，**想要斷絕對前任念念不忘的感覺，就是找到自己喜歡的「感受」是什麼。**具體作法，就是以種子法則的角度列理想伴侶清單，對象可以是前任、曾經暗戀過的對象、偶像明星，甚至是其他人的男朋友、老公，任何能「讓你感受到幸福感」的對象，都可以。寫下他們的具體條件，越具體越好，然後在客觀條件之後括號，寫下這個條件給你什麼樣的感受，例如：

- 身高一八〇公分（安全感）
- 身高一八〇公分（溫暖）
- 身高一八〇公分（優生學）

發現了嗎？光是身高一八〇公分的這個客觀條件，括號之中就會至少三種不一樣的主體感受。**很多人在寫伴侶清單時，都只寫條件而忽略了感覺，但感覺才是親密關係中的重點。**你可能遇到一位一六十五公分的男生，但你卻愛他愛得不得了，為什麼？因為他給了你滿滿的安全感。

順帶一提，種子法則的進一步應用，是透過列清單找到自己的種子後，去執行這份清單。如何執行？不是拿著這些條件去找對象，而是「先種下這些感受」。怎麼種？根據豐翔哥的經驗和觀察，他發現大家希望有伴侶，其實內在驅動力是「想有人陪伴」。因此，有個好方法是「先花時間陪伴別人」，像是去養老院陪伴老人，給他一段快樂的時光；「去陪老人」這個行動便是種下了「陪伴」的種子。

每個人想要擁有親密關係的理由不盡相同，但只要找出那顆種子，找到土壤（不限於對象，任何人都可以）種下去，一定會有所結果。

我覺得「種子法則」很有趣，推翻了過去的觀念。以前很多人寫完伴侶清單之後，就開始去認識對象、聯誼，但其實這麼做，本質上還是想到自己。但種子法則，是一種「先為其他人付出，接著自己才能有所獲得的概念」，這種倒果為因的作法，其實正符合正向心理學所提倡的：「如果生命缺乏什麼東西，你勢必要把他創造出來補上，生命才會圓滿。」所以，覺得自己有缺什麼，就自己把它種回來吧！

總之，希望每個人都能藉由「種子法則」的概念，更清楚明白很時候之所以對某人無法忘懷，都是喜歡那個「感受」，而非那個對象本身。不要混淆了這一點，相信面對失戀或情傷，應該都能更快走出來，甚至勇敢地邁出新的一步。

路隊長說

- 世界上男人這麼多，不要孤戀一朵花一枝草，讓你的電話線保持暢通，放下那通打錯的電話，不要讓它佔線，新的電話才打得進來。
- 這個佔線，不只有交往過的，暗戀、單戀、心儀的、別人喜歡你的都算。所以如果發現每段戀情總是短暫，就趕快透過種子法則找出佔線的原因吧！

戀愛軍團軍師介紹 #11

Who is 蔡豐翔？

人稱豐翔哥，透過深究種子法則的學習與實踐，翻轉人生。

創辦豐采讀書會超過 500 場次、豐采公益基金、天使協會、眾裡尋他工作坊。致力於讓每個人都能成為影響他人的榜樣，擁有幸福快樂的豐采人生。

FACEBOOK
蔡豐翔個人臉書

好女人情場攻略節目建議收聽

S3_EP073

S2_EP188

S2_EP189

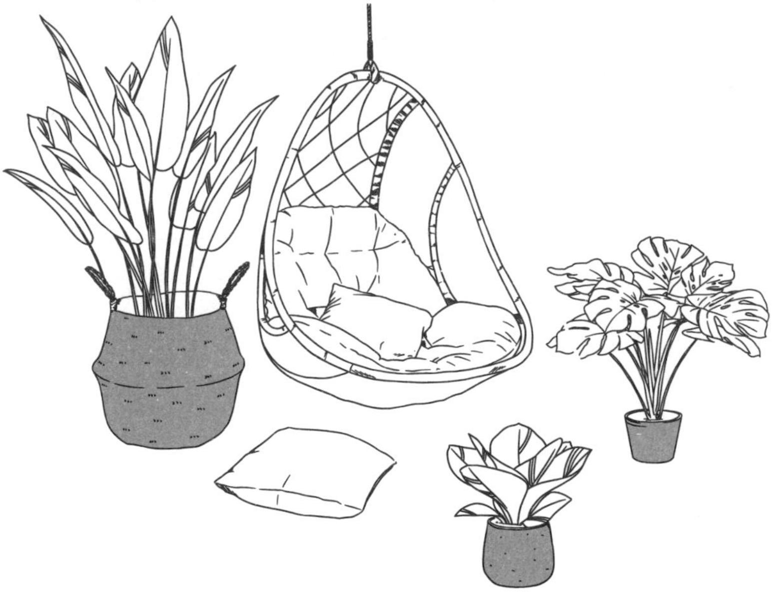

04

／愛情路上受過傷的我，還能期待眞愛再敲門嗎？

#別讓「離婚」成為你追求幸福的絆腳石

根據內政部統計，台灣的離婚夫妻在二〇二〇年高達五萬一千六百八十對，位居亞洲之冠；至於為什麼離婚，不外乎是外遇、家暴、婆媳問題等。近兩年來，甚至有許多因為疫情，居家辦公導致被迫每天關在一起的夫妻，鬧到離婚。但我在這裡想要和大家談談關於離婚議題，不是要探究原因或如何避免、挽回，我認為更重要的是如何在離婚之後，「把自己撿回來」。

從事企業培訓十五年，擁有英國 CIP 英國心理諮詢師的小寶老師建議，當兩人的離婚決定是木已成舟的事情時，與其長時間陷在懊悔悲痛的情緒中，不如理性的思考**「我在這段婚姻中，有沒有學到什麼？」**

就和失戀一樣，離婚也是一種禮物，只是這份禮物的代價可能會稍微高一點；因為如果有子女，還會有撫養等其他面向的問題。但撇開這些，小寶老師認為離婚過後，最重要的還是你自己。因此，他給好女人兩個離婚後可以理性思考的方向：

一、為什麼「我」會走向離婚？

雖然不一定是自己的錯，但先把問題拉回自己身上，從自身角度去思考，有助於我們用更客觀的視角，看待離婚的結果。小寶老師在諮商過程中發現，大約八成的夫妻問題都出在「溝通」；是溝通不良嗎？還是沒有在溝通呢？都不是，而是溝通時的情緒化，這種情緒化不論男女都有，而且通常本人都不自知。

很多時候，我們會「無意間」說出傷人的話。不要小看語言的力量，一句傷人的話就像一把尖刀，刀刀致命，而且傷了就是傷了，會在心中結疤。尤其女性天生是感受型的人格特質，觀察敏銳，因此有時說出來的話也特別直接、精準、命中要害。但這種說話方式，大部分的男生無法接受，因為這些話很傷男人自尊，因而導致翻臉甚至抓狂，進而拒絕溝通。

另外，說話時的表情也是一個關鍵。有些人天生會有如：翻白眼、臉臭、皺眉，這種來自潛意識的不自覺，往往也是影響夫妻關係的致命傷。因此，建議離婚後該做的是站在第三者的立場去檢視過往夫妻相處之間，「自己」是不是也有問題，而不是一味的怪罪對方。

離婚，雖然是一個不容易的決定，但發現原來彼此這麼不合，有一個「機會」讓彼此的未來和生活都變得更好，也是一種選擇。

二、如何擺脫離婚的羞恥和挫敗感？

大部分的人，離婚之後都會覺得自己很失敗，這是很正常的；但這些失敗只是暫時的，就像考試沒考好一樣，找出錯誤的地方，下次再努力就好。所以，小寶老師建議離婚的人，都要保有一個正向心態，就是「我遇到了，那就去面對」。

看看那些好萊塢明星，有多少人是結婚、離婚，又結婚、又離婚了多少次，才找到彼此真正的伴侶，在他們身上看不見失敗者的氣息。在小寶老師看來，這些明星是透過婚姻的手段「用生命去找尋更對的人」，雖然這不是最好的方法，而每段離婚或多或少都對彼此造成不少的傷害，就在不了解有更好的方式去找尋「對的人」時，只好先用結婚去嘗試，因為他們就是想遇到那個真得可以跟自己走一輩子的伴，與那張結婚證書無關。

當然，這不是要勸各位像好萊塢明星一樣，每次遇到不錯的對象，就直播獻出全部的自己。各位好女人們，這本書就是要告訴你們有更好的作法！其一，就是以自己為出發點思考離婚的原因，找出屬於自己的問題點，避免未來重蹈覆轍；其二，就是「找回自信」，吸引對的人。

離婚後，請盡情去做在你婚後曾放棄的事情吧！很多人為了家庭犧牲自己的興趣，例如：婚前很喜歡運動、爬山、找朋友聊天，但礙於經濟壓力或其他事情，讓你逐漸失去興趣還有你的交友圈。然而，保有興趣很重要，我們在做這些事情時，會很開心、很興奮，大腦就會產生「多巴胺」這個快樂的腦內啡，使我們充滿活力，感覺自己好像又回到十幾年前一樣。

「溝通帶有情緒化」是許多夫妻失和的原因，事實上，如果自己總是沒有好情緒、好心情，會大大的影響夫妻關係的和諧。小寶老師說，他曾見過許多瀕臨離婚的個案，在某方找回興趣之後，沒想到和另外一半的關係就突然變好，為什麼會這樣呢？因為當自己的心情變好了，也會把這樣的好心情傳染給另一半，試想一對每天心情都很好的夫妻，怎麼可能會關係失和呢？此外，有更多人是在離婚後重拾自己興趣的過程中，找到了未來的另一半。

事實上，不論是單身、已婚、離婚或任何情感狀態，對每一個人而言，保有興趣和交友圈都非常重要。因為，這些都是能讓我們「感到快樂」和「保有自我」的方式之一。

重回戀愛市場前，請先做好三項功課

「離婚之後，還有機會和資格重返戀愛市場，遇見對的人嗎？」毫無疑問，絕對有！但這次請好好做功課。具體作法如下：

一、列出新的理想伴侶清單

寫下這一次，你期望遇見的對象之條件和模樣，可以參考前一篇的種子法則的方式進行。小寶老師說，其實很多人沒有列清單，就憑感覺走進婚姻，例如：有些伴侶學生時代就在一起，順順地進入婚姻；或交往五～六年之後，覺得時間到就結吧！但這樣做日後的問題會更大，因為情人和伴侶是不一樣的，因此列清單非常必要，它能幫助你看清自己到底想要什麼。

二、詳閱這份清單內容

文字具有力量，所以一定要「寫下來」，而且寫完之後還要不斷的去看，人在閱讀的過程中，會啟動腦中某種波長的潛意識，使吸引力法則產生作用，讓你遇到你想要的對象類型；這就是大腦潛意識厲害之處。

撰寫這份清單有一個重點要把握，就是不要擔心寫出來會遇不到，還有寫完後也可以隨時依照自己的進化，去更改你的清單！

三、拋開「不配得感」的束縛

離婚的人，通常一開始都會懷疑自己，覺得自己是失婚婦女、被丟棄了；即便好不容易把自己撿回來，但仍不免會擔心「怎麼辦？我是個離過婚的女生」，反覆對自己沒有信心。除此之外，進入戀愛市場之後也不知道要在什麼時間點，告訴對方其實自己有過婚姻紀錄。

小寶老師建議，可以用更頻繁聊天的方式，試圖帶入一些話題，例如：「以前我小孩還小的時候，也喜歡吃這個東西」、「前夫也是支持這個棒球隊」等，當他好奇的時候，就可以自然地說出來。越自然對方就越沒有負擔；如果你覺得很嚴重，對方也會覺得很嚴重；如果你完全不在乎，對方可能也覺得沒那麼在乎，退一步想，願意接受才是對的人，不是嗎？

還記得種子法則所說的感受嗎？在一段關係中，重要的是「你給對方的感受，而不是對方覺得你是誰。」說不定，還會因為你主動說出來，對方覺得你很有勇氣，而感到你具有獨一無二的魅力。

離婚之後，最重要的就是重新塑造自己的「生活風格」，找回自己，遇見新對象時，也不用糾結於什麼時候告訴他，按照原本的節奏就好，大方的展現自己，引發他的好奇，或是當他講到什麼話題時，自然的說起你的生活，不用擔心別人如何看你。記得，離婚後的你還是你，是一位獨立自主的女生，即便有小孩又怎樣，你還因此多了女性魅力，所以請務必多正向看看自己！

路隊長說

- 離婚不可恥也不代表失敗；就像青春若沒有傷痕，或許也稱不上青春；有傷才是真實的人生。
- 離婚之後不要馬上投入新關係，給自己一點時間重新認識自己，這比任何事都重要。

戀愛軍團軍師介紹 #12

Who is **胡靖韋、小寶老師？**

從事企業培訓 15 年的時間，前後開了 7 間公司，創業途中經歷太多人性靈魂拷問，開始找自己到底是誰。

考取了英國 CIP 英國心理諮詢師，與東方心理學創辦人游祥禾老師及六位夥伴一起成立禾禾商學院，運用東方心理學，綜合了心理學、八字玄學、哲學為人諮詢，小寶老師希望幫助大家，認識自己的人生使用手冊，成為更好的人。

FACEBOOK
人生重擊教練寶哥

好女人情場攻略節目建議收聽

S2_EP216

S3_EP076

05／培養生活儀式感，開始懂得欣賞自己

與其等待他人給予，不如自己創造

「儀式感，就是使某一天與其他日子不同，使某一時刻與其他時刻不同。」

——《小王子》

這個篇章我想和大家聊聊「儀式感」。很多人都小看儀式感的重要性，認為那只是商人的噱頭，但實際上，好的儀式感不用花大錢，只需要一點小小不一樣的行為改變就可以了。然而，在談到什麼是好的儀式感之前，我想先和大家說明一下，為什麼儀式感很重要？

藉由儀式感，能讓我們和過去好好道別，再次做好準備，懷抱著滿心期待的心情迎接新的未來；事實上，分手之後的「斷捨離」就是一種儀式感的展現，有

些人會選擇剪頭髮、舊地重遊、取消社群追蹤、丟掉前任送的東西，甚至搬家……這些具體的行為，都能讓我們心中有種與過去揮別的「真實感」，進而賦予我們重新出發的勇氣和力量。

儀式感，讓感受更美好

另外，儀式感也能讓平凡的日子變得有趣，它的功能就和興趣一樣，能使我們保持愉快心情，擁有好情緒，進而使關係更加親密和諧。許多伴侶關係走到最後之所以分開，是因為日子過得越來越平淡無趣，而儀式感可以幫平凡的日子加分調味；已有科學研究證實，儀式感能刺激身體內激素，有助愛情的忠誠度和持久度。

由此可見，「儀式感」不僅可以讓一個人變得更好，也可以使兩個人在一起的生活更有趣。為此，無論你現在是處於什麼樣的情感狀態，若感覺生活毫無動力，日子平淡無奇到有著一股鬱悶的窒息感，強烈建議各位從此時此刻起，把「儀式感」置入生活中，雖然表面上日子還是這樣過，但內心的充實感會完全不一樣。

那麼，該怎麼做呢？

靈魂紀錄閱讀師黃宇寧認為，儀式感之所以要從自己開始做起，甚至單身時就要開始建立，是因為**「你如何對待自己，就是在示範給別人看，未來這個人要如何對待你。」**她發現很多女生捨不得對自己好，總是自我犧牲奉獻，把最好的留給另外一半或家人，如此一來，將來遇到的伴侶時，對方也不會用心對待你，因為他會認為連你自己都沒有善待自己，當然他也不需要太用心對待你。

因此，在單身的時候，就要養成好的儀式感習慣，這不僅能使生活變得有趣、有動力，還能散發一種魅力，讓旁人覺得你的生活很精彩，不知不覺想要認識、接近你。

至於什麼是好的儀式感呢？宇寧建議可以先從以下三點開始做起：

一、寫下每日感恩日記

準備一本筆記本，隨時或在一天結束後，記錄下每天值得感恩的事。無論事件大小，即使是很小的事也可以，例如：「今天一到捷運站，捷運就來了；雖然上去沒有座位，但是下一站就有一堆人下車了，讓我馬上有座位，真是太幸運了。」

如果覺得一下子要想「感恩」有些困難，或許可以想成是「今天發生什麼很幸運或是很順的事情」，然後感謝這一切的發生。例如：今天公車準時、過馬路一路綠燈、小孩沒哭、錄 Podcast 很順利等等。

當我們把生活中每件小小的幸運有意識地提出來感恩，久而久之培養出感恩的習慣之後，就會發現其實這個世界是充滿好事的，發生的每一件事情都值得慶賀，從而幫自己創造幸運的磁場（亦即吸引力法則），使得好事接二連三的發生。

二、買個禮物犒賞自己

經常挑選一件值得為自己慶祝的事情，並加以犒賞自己。例如：今天順利完成工作進度之後，買一塊小蛋糕送自己；完成工作的速度比之前快了一些，下班後不妨為自己買束鮮花回家。這些都是小小的舉動，都會讓自己覺得「我自己很棒」，生活感覺更充實，而且也會發現原來犒賞不用向外尋求，自己送給自己的犒賞更加切實。

這樣的犒賞習慣，可以從一週一次開始，再依照每個人的狀況，慢慢發展到一天一次更好，畢竟，沒有人會嫌犒賞多吧？但記得這個犒賞，不一定要是花錢的行為，而是發自內心真正能讓自己覺得開心、覺得有「被慶祝到」的感覺，所以，騎車、散步或爬山等，做自己喜歡並能放鬆身心的戶外活動，也是不錯的犒賞。

三、睡前進行獨處反思

利用睡前再次回想、整理思緒，想一想今天做了哪些事情，靜心沉澱，甚至可以點上精油蠟燭進行冥想，讓這種「思考的儀式感」成為一種慣性。事實上，很多時候會覺得生活無趣平淡、庸庸碌碌，是因為被太多外務和繁忙工作所填滿，沒有時間好好與自己獨處，但和自己獨處很重要，它能使我們練習用不同角度看待生活中發生的事物，進而面對最真實的自己，對工作、生活和關係都能帶來不少好處。

兩性也要建立儀式感，讓感情更增溫

至於兩性關係中可以建立的「儀式感」是什麼呢？重點在於「準備精心時刻」，例如：

- **燭光晚餐**：兩性之間氣氛很重要，而蠟燭火光會有溫暖的感覺，讓兩人的互動更親密。
- **準備紅酒杯**：喝個喜歡的紅酒可以讓雙方感情更濃，不愛喝酒的也不一定要喝酒，也可以是蘋果汁，只是透過乾杯的動作，互相慶祝。慶祝不用理由，可以單純因為覺得對方今天很帥，或是謝謝他今天幫忙晒衣服等。
- **互相按摩促進感情**：每月一～兩次，在房間點上蠟燭、燈光微暗，穿上與平常不一樣的衣服，用精油互相幫忙按摩。

- **新鮮感小旅行：**每個禮拜或是每個月挑一個從來沒有去過的地方，和伴侶一起出去走走；一至兩個月可以做一次跨夜旅行。

以上是宇寧與老公之間的生活儀式。一開始是她先主動去做，而大概做了一年之後，宇寧發現老公也開始會主動邀請他，例如：「我們來做不帶手機的散步」，而這也是一種儀式感，帶給生活一些新鮮刺激。

宇寧說，有些女生經常會有「男生又沒有先做，我為什麼要做這件事情？」的觀念，但親密關係本來就是互相的，每個人擅長的不一樣，與其等待對方先做，不如自己先示範給對方，**說到底，男人對待你的方式，都是好女人們自己教出來的。**

總之，分手之後除了哭，能做得事情其實非常非常多，只有能掌握到凡事「對自己好一點」的真諦，就會發現梁靜如的歌曲《分手快樂》所唱的意境一般，只要你願意重拾自己，「分手快樂」真的做得到。

路隊長說

- 別人對待你的方式，都是自己教出來的。
- 把將就的日子，過得講究。平凡中就可創造幸福。
- 懂得為自己慶祝的人，會散發出一股與眾不同的自信魅力，吸引更多人靠近你。

好女人情場攻略
節目建議收聽

S2_EP019

經歷失戀之後，除了能讓我們重新認識自己，更要重新認識男人！渣男、暖男、還有暖渣男？……，關於這些男人與他們的原產地，各位好女人們，你真的懂嗎？究竟要如何理解這個來自火星的他？

本章將介紹男人的內在情感需求、溝通方式和行為模式，希望有助於每個好女人更了解身邊的他，在愛情這條有時順遂、有時迷航的道路上，不會因為不懂男人而跌跌撞撞，甚至粉身碎骨。

chapter 4

你真的「懂」他嗎？通用版男人使用說明書

好女人金句

對男人來說

追求＝解任務，
解鎖成功就到下一關了。

CLASSIC QUOTATION

01／男人要什麼？認識對方的內在情感需求

#別再說女人總有一堆小劇場了，男人其實也很難懂阿

「交往之後（婚後）他就變了，他是不是不愛我了？」

「她為什麼有話不直說，每次都要我猜，我又不會讀心術！」

不論是你自己和伴侶之間，或周遭認識的情侶或友人，是否經常上演這樣的戲碼和對話呢？男人總說他們不懂女人，但其實女人也不懂男人啊！「男人到底想要什麼？」關於這個問題，我們在節目中邀請親密關係專家 Lily 曾慧俐老師，來告訴好女人們，那些來自火星的他真正的想法。

Lily 老師分享，本質上男人和女人的存在意義不同，因此情感需求會大不相同，是很正常的；以關鍵字的概念來說明，大致如下：

・男人：理性、力量、成功、英雄、效率，具體、任務型。
・女人：感性、愛、美、溝通、抽象、關係型。

因此，經常發生的狀況是，男生把女生追到手後，就開始忙其他的事情，如工作等等；因為對男生來說，「確認關係」就表示這項「任務」已解鎖完成，該進行下個任務了。相對的，女生們會覺得男生追求時這麼殷勤，追到後把我擺到一邊，感覺被冷落、被忽略；總是期待後續持久，期待對方能一直對我好，保持「關係」的熱度。

那麼，面對這樣的兩性差異，該怎麼辦呢？Lily老師說，最簡單的方式，就是用列清單的方式告訴男人，第一項要什麼、第二項要什麼……例如：想要他載你回家、幫忙倒垃圾、陪你吃晚餐，就直接把「任務」說出來，如果只說「寶貝，我好累」，男生的內建字典中是無法把「好累」翻譯出上述的這三件事情的。

或許好女人們會覺得：「直接說出來，不就不浪漫了，如果他愛我，應該知道我要什麼呀！」Lily老師說，身為女人的她非常明白女人這樣的心情，因為我們重視關係，想要體貼男人，覺得男人工作很累了，不要吵他了，因此不敢主動提出要求，怕他有壓力，進而造成「越是愛上某個人，越容易胡思亂想、越不敢提要求，覺得這樣才是一種愛的表現。」

但是**所謂的「談」戀愛，就是一種「溝通」呀！如果你什麼不說，男生怎麼會知道你的需求呢？**所以，請勇於表達自己的想法吧！要相信你的男人學習能力很好、模仿能力很強，只要說過一次，他就會記得了。

滿足男人內在情感需求，他會更愛你

由於男人本質的存在意義和女人不同，可想而知內在情感需求也會大不同。以下是男人需要的六大情感需求，如果你和對方尚在磨合初期，更需要特別留意這六大需求，因為雙方可能都處在不好意思明說的被動溝通狀況，如果能以這六大情感需求的面向，切中溝通核心，想必你們之間的感情一定會越來越好，越來越穩定。

一、男人需要被「信任」

信任是最重要的內在情感需求，也是剛交往的情侶之間的「核心」。男人想要成為你心中的英雄、你的唯一，他希望你百分之百信任他。然而，許多女生可能基於前任背叛或原生家庭等因素，有極度的「不安全感」，所以剛開始在一起就瘋狂詢問男方行蹤、檢查手機、和異性聊點天就疑神疑鬼。

不要因為過去的感情經驗就「先」不信任對方，因為對這個男人而言，你們才剛認識，怎麼就不信任他了呢？這樣第一關沒過，就乾脆不要繼續在一起好了。

兩人之間的感情發展，是從「不熟→相戀→相處」，而若想要相處一輩子，就必須在相戀階段，打好信任基礎，沒有信任是走不下去的。

如果你真的因為過往經驗有著極大的不安全感，而不由自主地做出許多懷疑他的行為，請「坦誠」跟他說，告訴他，你是因為過往如何，而會有這樣的行為，不是針對他本人的不信任；只要把理由說出來，雙方積極溝通，信任就一定能建立起來。

二、男人需要被「接受」

男人是被誰養大的？媽媽。所謂的「不打不成器」，通常華人社會的媽媽，都是用責備、挑剔的方式養育孩子，如此一來，在男孩的潛意識養成中，會想像未來將出現一個女人很愛他，可以接受他的全部，不論是優點、缺點或不完美的一切。然而，不幸的是，女人一旦真心愛上男人之後，就會變得和他的媽媽一樣，出於「希望你更好、更精進」的理由，開始挑剔、責備他。

雖然這也不能完全怪女人為什麼會變成這樣，因為在許多原生家庭中，媽媽也總是挑剔爸爸，而好女人看了就下意識認為這是一種愛的表現。

「不是這樣的！」（我心中吶喊）。男人其實需要被完全接受，尤其是在剛開始的交往階段，因此，請接受他的一切不完美，男人一定會超級愛你的。

三、男人需要被「感激」

被感激後，男人就會覺得：「啊！我是英雄耶！」而成為英雄，是男人一生中的關鍵字，所以無論大小事，都請跟男人說「謝謝」。Lily 老師和我們分享，她和老公結婚十一年至今，無論老公做什麼她都會說「謝謝你」，然後老公就會說「幹嘛，好啦好啦，沒事」。雖然老公話語中好像不以為意，但 Lily 老師說可以感覺到老公是開心的。

兩個人相處久了，很多事情就會被視為理所當然，而忘了感謝。但實際上，「謝謝你」很好用，功能很高，有時能讓衝突瞬間歸零、感情瞬間加溫，因此，別忘了隨時說聲謝謝。

四、男人需要被「讚美」

這種讚美越具體越好，而不是單純的說：「好」或是「棒」，例如：Lily老師示範了一段：「路隊長，你的節目不僅內容很豐富，你的聲音也很好聽。每次當我覺得人生很無聊時，都能激勵到我，重新給我滿滿的勇氣。」

為什麼讚美要用具體的內容？**因為男人對於抽象的形容詞，比較無感。**為此，如果你能提出具體的讚美，如此一來，男人就會感受到你的用心，讓他覺得「你有看見我對你的付出」，而不是覺得「一切理所當然」。

「我就是講不出來，不能放在心裡嗎？他應該會懂我吧？」如果你是這種內斂型的人，不好意思說出口，不妨寫卡片、播一首歌曲等；**讚美的方式很多，選一種你覺得最自在的方式，勇敢表達讚美吧！你不說，對方是永遠不會知道的。**

五、男人需要被「肯定」

兩人相處，不會永遠只有風花雪月、浪漫晚餐，兩人在一起的日子久了以後，「談戀愛」也只是生活的一部分而已。當兩人意見相左，或表達愛的方式不一樣時，請各位好女人們記住一點：「不要打槍他」。

「你的意見不錯，但我也想說一下我的想法。」重點就是：先肯定他、認同他，再提出自己的想法；肯定他提出意見，即便這個意見你不認同，但他還是有所付出，想了一個點子，所以要肯定他這一部份的付出。總之，當兩人意見分歧時，不要第一時間否定；先肯定，再針對不同意的部分提出看法，互相交流意見。

六、男人需要被「鼓勵」

許多人成長過程中，媽媽除了挑剔外，也鮮少給予鼓勵：考試為什麼只考九十九分，還差一分錯在哪？這樣的養成教育，會使男人們覺得沮喪，覺得自己好像沒有那麼好。所以，好女人這時候所給予的鼓勵，會讓他覺得在你心中他是完美的、是英雄。

因此，多鼓勵你的男人去做一些事情，尤其是他有興趣但猶豫不決的事情；身為他的另一半，你的鼓勵絕對大於其他人，而你越是鼓勵他，他越會奮發向上，如此當他在外面受到挫折時，第一時間就會想到你，因為他知道能在你這裡獲得鼓勵和安慰；你就會變成不可或缺，成為他心中唯一的那個女人。

因此，各位好女人請務必成為另一半的支持者和啦啦隊，你在他心中的位置方能穩固。

最後，Lily 老師和我們分享一個「騎士與公主」的故事：「有一位騎士經過一個城鎮，發現有一位公主正在哭，原來有一隻怪獸在攻擊城堡。騎士見狀，拔出身上的寶劍一刀把野獸殺死了。英雄救美成功，騎士受到公主家人和全鎮市民的歡呼，這時騎士內心覺得『太棒了！』於是便留下來跟公主談戀愛。

不久騎士外出遠行回來，又看見野獸正在攻擊城堡；當他想要拿出寶劍殺死野獸時，公主卻大聲地說：『不要用劍，用繩子！』騎士猶豫一下『要不要聽女朋友的話呢？好吧！』最後選擇用繩子把野獸勒死。

這次，同樣受到市民們的稱頌，不過騎士覺得「這是公主的繩子，不是我的……感覺，好像不是我的成功。」

騎士再次出門遠行，第三次回來時，又看見野獸在攻擊公主。第一時間想到：是不是要聽女朋友的話，用繩子嗎？沒想到，這次公主竟然說：『不要用繩子，用毒藥。』騎士感到非常茫然，但還是乖乖聽公主的話，用毒藥毒死野獸，但這一次，即便市民依舊對騎士稱頌歡呼，但他非常沮喪，因為繩子和毒藥都不是他原來的武器。

最後，騎士遠行它處經過另外一個城鎮，聽到有另一位公主在哭泣，喚起他的騎士精神前去營救。這時騎士想著：『用繩子？毒藥？算了算了，不行不行，那些都不是我的東西。』瞬間，他回想起過去有自信的自己，一把拿出寶劍，殺死了野獸。騎士受到這個城鎮的歡迎，拿出寶劍的他重新建立自信，所以就留在那個城鎮並和這位公主結婚，並想盡辦法不要讓新女友知道，之前有繩子和毒藥的故事。」

聽到這個故事是不是讓你莞爾一笑？這個故事要告訴我們什麼呢？**男人需要「靠自己」的力量成功，方能贏得自信和尊嚴。**

但是很多女人一旦愛上對方後，就會不自覺想要下指導棋，教他該怎麼做。各位好女人們，不要一直給建議，他沒問你時就讓他自己去做吧！當他有一天他來問你意見時，再給予意見。「那他什麼時候會主動來問我意見呢？」就是當他完全信任你的時候，因此，打好信任基礎是相處關鍵。

記得，適時幫助才是支持者，反之，沒有要求時就提供意見可能會被認為是打壓者，從而使男人失去男子氣概，對你的愛也逐漸消退了。如果這時候另一位公主呼救了，你應該猜得到會發生什麼事了吧?!

路隊長說

- 了解男人的情感需求，可以讓你緊緊抓住另外一半的心，被寵愛一輩子。
- 兩性之間是合作關係，而非競爭關係；互相信任依靠，成為彼此的神隊友。
- 若意見嚴重不合時，思考一下這個問題是誰的「主場」？若是你的專長，就由你當主導，是對方的就讓對方主導，分工合作，讓彼此在專長不一樣的地方各自發光發熱。

好女人情場攻略
節目建議收聽

S3_EP072

S1_EP004

02／如何學會火星話，和另一半好好溝通

#江湖行走靠三招，兩性溝通擒拿術

堪稱是兩性書籍祖師爺的《男人來自火星，女人來自金星》（*Men Are From Mars, Women Are From Venus*），自一九九二年初版以來，被視為解決兩性溝通物問題的教科書，大量討論男女「應該」如何溝通。作者約翰．葛瑞（John Gray）根據兩千對夫妻的大數據調查，發現兩性的語言表達系統，是兩個星球的差異。

男性是洞穴型動物，自我調解專家。當有一些思考或情緒狀況時，男人們找到一個「洞穴」，躲在洞穴裡面自我對話，例如：躲在書房、坐在客廳滑手機或打電動；與此相對，女生是表達型動物，擅長用口語表達她們的情緒，是語言的動物；女人心裡有什麼會馬上說出來，她們透過溝通去調節情緒。

然而，**很多時候，女人不懂得男人和自己溝通的差異，於是，就會把自己的標準套用在男性身上，以為男人和女人是一樣的**，例如：女人看到男人在書房或打電動時，以為他們只是發呆、放鬆，就去找他說話或問問題；但男人這時多半都不理會，對吧？因為很多時候這些行為只是表象，實際上他們正在「洞穴」進行自我調節。然而女人不知道所以就會非常生氣，覺得對方都不願意跟她溝通，進而引起後續爭執。總的來說，面對情緒或溝通，女生會馬上說出來，但男生只會在心裡想；這是基本概念，男女雙方都必須知道彼此的差異，才有辦法好好溝通。

「會溝通的女人最好命」這是口語表達專家林慧老師在節目中，一再提到的重點。她認為，就算有美麗和聰明才智，還是需要擅長溝通才能加分，亦即你說出來的話，是否能符合你的美貌與才智。不要以為正妹就不會有溝通問題，林慧老師之前有一個學員從事數字相關的工作，原本因為外型而頗受主管青睞，但在某次與主管討論工作的過程中，主管對於她不知道什麼是 Q1 和 Q2 大為震驚，對她的印象也大打折扣。（＊ Quarter，季度）

現今社會因為資訊發達，無論是外界或女人自己本身，都期待女性的外表和內涵是並駕齊驅的，但其實所謂的內涵，說簡單一點，就是懂得說理性溝通，也說得一口好話。

刻意練習，當一個會說話的聰明女人

事實上，「說話」是一件很順應人性的事，不用想得太複雜，在人際溝通上，最需要的就是「讚美」跟「傾聽」，雖然簡單但卻很難做到，所以必須不斷地刻意練習，才有辦法內化成自己的東西，說起話來才會自然、有說服力。

懂得溝通的女人，其思維和表達方式就比較會呈現出理性的狀態。為什麼「理性狀態」很重要？因為很多男性都會覺得女性「太情緒化」，許多行為，感覺很像每天都是生理期來一樣。為此，如果你能呈現出不同於其他女性的溝通方式，自然就更容易受到青睞，意見也更容易被傾聽。

以下，將介紹三大男女的溝通差異和具體實例，希望能幫助每位好女人能藉此更懂得「火星語」，掌握與男人溝通的最佳策略。

一、男性是自我調節的專家；女性是表達的動物

關於這一點，最佳破解策略就是「選對時間」和「問話方式」。

- **選對時間：**誠如前面有提到的，許多男生在打電動或滑手機時，其實是進

入洞穴的自我調解狀態，如果這時候問話，對方多半只回答「喔」或不理睬你。所以，選對問話時機很重要，林慧老師建議，在他滑完手機，站起來的那一刻很好（走出洞穴），或是你發現他做完A事情，要進行到B事情的那一刻。記得，男生一次只能做一件事，「說話」對他們而言也是一件事情，不像女生能隨口說出話，必須非常專心才能做好溝通這件事。

- **問話方式**：女生因為太愛表達，所以很愛用「問號」的方式溝通，例如：中午去吃牛肉麵，好不好？中午去逛街，好不好？當男生在承受這些「問號」時，壓力會山大，因為要馬上給答案。然而，男性是自我調節型的專家，他們思考問題需要時間，因此沒辦法馬上給出答案；因此，如果女生一直不斷丟問題，會造成男生焦慮，一旦焦慮就會拒絕溝通，乾脆全部關閉。

關於這一點的破解策略，就是改用「開放型」的問題，給男性保留思考空間，例如：那你中午想吃什麼？換言之，不要丟給他「是非題」、「選擇題」而是「問答題」，留一個思索的緩衝和空間，讓他從自己的資料庫找答案，男生就比較不會覺得有壓迫了。

二、女性重視溝通過程，而男性則重視結果和目的

對於「談心」二字，男女解讀往往大不同：

- 男性：談心？他要跟我談什麼？是要解決什麼問題？
- 女性：談心？那他應該是心情不好，想找人說說話、陪陪他。

明明就是相同的詞彙，解讀方向卻如此不同；對男性來說，凡事都要有目的性，做任何事的重點，就在於最終結果。所以如果想約心儀的男生出來，一定要創造一個目的，例如：請幫我修電腦、好像要討論一下班聯會的事情、簡報需要調整等，給對方一個目的性，男生才會認定這是一個有需要，有意義的交談場合。或者，也可以設計一個主題或話題，是對方會有興趣的，比如說：一起去看球賽、看柯南電影等。

總之，對男性來說，無論是約會或其他，今天做的事情一定要有結果，不能只是漫談。這一點，要請女性特別留意。

三、男性是直敘型，講究效率，女性則重視細節

談到約會之後與好友分享過程，男性和女性所好奇的問題，也大不相同：

- 男性在乎：牽手沒？到幾壘嗎？
- 女性則在乎：約會過程中的所有細節，比如說：對方的穿著、行為、說了什麼話等。

很有趣吧！與上一點的概念類似，男性講求直白、肯定、有效率的結果，反觀女性，因為太會說話了，所以在溝通技巧上，都覺得要多展現一些獨特的技巧或氛圍，以致容易拐彎抹角，導致男生根本聽不懂。因為男性的說話系統，不是這樣運作的，各位好女人們，**請務必體恤你的男人，不是他不願意聽懂你說的話，是他的語言系統根本無法聽懂你的弦外之音。**

例如：想要請男生載你回家，請不要說：「好煩！我家住很遠，公車要轉很多次。」這種不著邊際的話，可以直接說：「可以載我回家嗎？」

當然，以上的男女溝通差異是位在光譜兩端，有些好男人是介於中間值，他們就比較容易聽得懂女性說得話；反之亦然。為此，最佳策略就是與你的男人刻意練習，不斷地溝通、溝通、再溝通，找到兩人彼此最合拍的說話頻率，關係自然也就能穩定和諧了。

路隊長說

- 兩性溝通是人生大課題，如果處理得當，三分之二的人生煩惱都可以消除，所以請不要放棄溝通呀！
- 「會溝通的女人最好命！」學會一點理性溝通，就能讓你的魅力值大大加分喔！

好女人情場攻略
節目建議收聽

S1_EP029

S1_EP030

CLASSIC QUOTATION

好女人
金句

撩男和撩窗簾一樣，
試試看就知道不難！

03／這樣說就對了！三十分鐘「撩男筆記」

#美貌是一時的，溝通技巧卻是一世的

上一篇談完與男人的溝通技巧之後，在這篇林慧老師要繼續教各位好女人，如何聊天自帶「撩」，三十分鐘內讓他對你感興趣。

在此之前，想先說一下「撩」這個字，其實，不用把撩想得太嚴重，以為這就是一種為了引誘異性上鉤的說話術，換個角度想，「撩」或許就是一種可以把對話變有趣、使生活更融洽，加速人與人認識彼此的催化劑。事實上，這種撩人說話術，不單可以用於兩性，也適用於商務談判。

「如何聊天聊到最後，不被男生當成兄弟或哥兒們？」這是我經常收到的問題。林慧老師說，就是懂得如何運用溝通，營造粉紅泡泡。一起來看看具體作法吧！

一、開啟有亮點的發現：把亮點放在開場前五分鐘，讓對方留下深刻印象

想學會的撩人聊天術，首先，必須先破除一個迷思：**不是和對方聊越久，聊個一、兩小時，就等於不斷在促進情感交流；與此相對，聊天時間越久，美感（粉紅泡泡）越容易消失，因為缺點會慢慢暴露出來。**林慧老師建議聊天抓一個小時內最好，如果超出這個時間，多半成功撩男的機率也不高了。為此，與長時間相比，聊下去的過程有沒有「亮點」，才是聊天的重點。

林慧老師建議，撩男最好的開場，就是表現讚美，什麼讚美都可以。這個讚美不用想得太嚴肅，就當作是為了讓初次見面的人，留下好印象。但讚美必須具體，不要單用形容詞說對方很帥、很高之類的。你可以從對方的外表、服裝、露出來的身體部位，甚至約會場所都能讚美，例如：

- 「這雙鞋子很好看耶，感覺百搭，和你今天的衣服很速配。」
- 「你的小腿練得線條很好看，是有在跑全馬嗎？你一定可以跑進三小時。」
- 「這家餐廳我之前就想吃了，網路評價很高，聽說不好訂位，你怎麼訂到的，好厲害喔！」

如果是再次見面的對象，建議開場可以延續上次聊天的話題，例如：「上次

提到勇士隊輸球，你很難過吧。（拍拍他的肩膀）我看新聞好像昨天又輸一場了，你還好嗎？」

以上次的話題開場，除了確保這個主題是男生感興趣的之外，也會讓男生覺得：「原來你有注意我，我說的話她都有記得耶！」如此一來，就能再多撥動對方心中的兩根心弦，對你更有好感。

其實女生們觀察力都很敏銳，很輕易就能發現男生身上不一樣的地方，也就是亮點在哪裡，只是很多時候不好意思說出來，留在心裡 murmur。但其實「撩」是一件很性感和有趣的事情，而且還能多透露一個訊息，亦即「我有在注意你」，進而達到和剛剛說延續話題的開場一樣的加分效果。所以，不要再害羞了，只要用真誠、自然、不經意的方式說出，就會慢慢習慣讚美別人了。

當然，如果真的真的說不出口，那就用寫的；林慧老師就分享，有一次主持大型賽事，想要感謝搭檔的英文主持人的大力幫忙，就送給他一個漫威的保溫瓶，並附上一張小卡片「Thanks My J, You are my superhero.」，讓搭檔感動不已。

二、建立共鳴的認同：快速拉近彼此距離，主動做球給對方

「撩」這件事情，某種程度也是在彼此試探。因此，即便有些女生長得很正，但她回應的方式是buddy-buddy的，男生也不敢出手，會覺得對方大概是對他沒有興趣。反之，如果聊天過程中有「被撩」，他會覺得你一直鼓勵他，給他勇氣主動出擊。例如：「你也喜歡Hello Kitty嗎？我看你用的那個杯子好可愛。我很喜歡Hello Kitty，知道有一家超級好逛的Hello Kitty專賣店，下次可以一起去哦！」

另外一種建立共鳴的做球方法，就是直接肯定男生的成果；若男生幫你做好一件事，你的反應要超過他的預期值兩到三倍，例如：「你那天送給我的東西好好吃，我超級喜歡，你也喜歡吃這個嗎？下次要買的時候可以跟我說一聲嗎？」

或許，有的好女人會說：「這樣說話好假，我不敢。」但說到底假不假這件事情，就和自信心一樣，都是一種自我催眠。只要你不覺得假，就不會假；表現自然，就自然。即便表現得稍嫌笨拙或不自然，你在對方心中，至少會從「有點平淡的女生」變成「有點有趣的女生」。

三、極度專注傾聽與具體回應：發現、認同、讚美

「傾聽」很重要，傾聽是一件能夠散發魅力的事情。代表你是一個體貼、認真、

專注的人，如此一來，有時你甚至不用說任何話，對方也會覺得你人好好，很認真聽他說話，男人也會因此獲得成就感，對你另眼相看。所以各位女人們，不要急著一直講話，而是多表現專注聆聽的樣子。

然而，所謂極度專注傾聽，是真的有在聽；即便80％放空，但是20％是有聽進去的，因為認真傾聽，必須適時回應對方或問問題，比如：「哦～對耶，那怎麼辦呢？」而不只是當個應聲蟲「對～喔～」如果表現出後者，對方就會覺得你只是在敷衍他。

此外，專注聆聽的「情緒」也很重要，請務必在三十分鐘的聊天中，做到以下三種不同情緒的回應：

- **發現**：「是喔，之前我不知道油炸用油有細分這麼多種。」（但不要不懂裝懂，沒聽過，就真的表現出沒聽過。）
- **認同**：「對啊，我也這麼覺得，用橄欖油比較對味」（如果是不認同，就用發現的口氣說：「喔～是喔，原來你都是用這種料理油！」）
- **讚美**：「哇！真的很想吃你做的菜，什麼時候還可以再約一次呢？」（請用讚美作為聊天的Ending，能讓對方留下深刻的印象。）

最後一點，名字也很重要，所以在聊天的過程，要一直呼喚對方的名字。如此一來，對方會覺得你有把他放在心裡，並一直在重視他的感受，讓你在他心中更加分。

眼神、肢體等非語言表達也很重要

人們對於肢體碰觸或眼神交流，有著比話語更強烈的吸引力，因此，請各位好女人平常就多想想，不開口的時候，你有什麼獨特的肢體語言可以表現。很多時候，**非語言的表達更能快速拉近兩個人的距離，並適度的釋放一些善意，等同於做球給對方。**

其中，林慧老師特別提到「距離」也是一個很重要的關鍵，因此若是一對一相處時，座位不要坐在對面，而是坐在旁邊。這樣談到關鍵話題時，可以稍微去碰一下對方的肩膀、手臂；當然，這對於女生來說是先天優勢，因為男生若反過來做，就可能會被說是騷擾了，話雖如此，各位好女人也要拿捏好分寸，不要太over，否則一樣會嚇到對方。

此外，眼神非常重要，聊天時眼神也一定要專注在對方的眼神上；如果仍覺得太害羞或不自在，可以先練習看對方臉上的某個點，總之，要讓對方覺得你有一直在看他。不要擔心男生的眼神是否迴避；如果有迴避的話，可能這三十分鐘的聊天就已經撩到他了。

最後，林慧老師真心希望每一個好女人都能朝「會說話的女人」邁進，因此請務必多多練習以下成為「會說話的女人」的三大基本功：

一、說出獨特自我的女人。
二、說出對方美好的女人。
三、能說出理性和感性的女人。

做一個會說話的女人，不僅是為了獲得戀情，更重要的是，也能讓自己在生活和工作等其他面向，更有魅力與價值，成為內外兼備的高價值女神。

路隊長說

- 美貌是一時，溝通技巧卻是一世的；會說話的女人絕對比外表美的女人更受歡迎。
- 聊天的美感不在於天長地久，而是在於讓人難忘與否。
- 試著讓自己看待事情的角度，從「鬼眼」變成「佛眼」，就能讓讚美內化成自己的說話本能。

好女人情場攻略
節目建議收聽

S1_EP033

S1_EP199

S2_EP210

CLASSIC QUOTATION

好女人金句

把渣男捲成一團扔進垃圾桶裡，再也不回收！

04／渣男退散符！超實用渣男辨識祕笈

#知己知彼，一定百戰百勝？

我身邊有許多女性朋友和聽眾，因為遇過一個渣男後，從此就再也不相信男人，覺得天下的男人都是壞東西；甚至有些人還會覺得後來感情不順、工作不順、生活不順，總之各種的不順遂都是渣男害的。好女人們，千萬別讓一粒老鼠屎，壞了一鍋粥呀！**你的人生不會因為一個渣男，就從此一蹶不振，但要改變這樣的信念確實不容易，所以最好的作法，就是辨識出什麼樣的行為可能是渣男，徹底防禦。**

根據小寶老師觀察和彙整，他認為基本上渣男有以下五項特徵，快看看你身旁的男姓友人有沒有？

一、很會察言觀色，懂得說好話和甜言蜜語

當你想要找他的時候，總是會以「沒時間」推託，或突然消失一段時間，再出現後，又會給你一個看似非常合理的理由。

二、問他問題，答案總是不清不楚，還常答非所問

例如：

「最近在忙什麼？」↓「沒有啊，就在忙。」

「昨天去哪裡？」↓「沒有啊，就跟朋友出去。」

「昨天怎麼沒有接電話？」↓「人不舒服，先睡了。」

三、油嘴滑舌，非常容易給予承諾和道歉

然而這一點如果是慣性渣男，通常已經練習說過很多次了，所以聽起來一定會很中肯誠懇，這一點務必特別小心。

四、厚臉皮，總是隨便道歉

渣男做錯事後，最終一定會厚臉皮的懇請原諒，請你再給他一次機會。「聽起來很合理啊？」你可能會有這樣的疑問，但小寶老師說，其實這是不合理的現象。雖然兩人之間的相處、生活中一定會有摩擦，但對男性而言，主動低頭道歉是一件頗傷尊嚴的事情，所以若是交往時發現對方「非常熟悉」如何道歉，很輕易地就能說出「對不起」，這可能也是有問題的。

五、完全能抓住女人的弱點

渣男們非常懂得在「對的時間說對的話」、「對的時間給對的禮物」、「對的時間給對的抱抱」。你可能會反問「這樣很好啊？有什麼不對嗎？」相信我，一般的好男人多半是笨拙且害羞的，因此，如果對方總是能表現出猶如韓劇般的行為和話語，真的要非常小心呀！

然而，以上這些事情，不會在剛開始在一起時就發現，可能要累積一段時間。當發現好像哪裡怪怪的時，請好女人們一定要相信自己的直覺，覺得怪就去多加驗證，千萬不要傻傻地對方說什麼，就相信什麼。順帶一提，「太乾淨可能也是有問題」，亦即：**如果男方在社群媒體上，完全沒有任何異性合照，或許也有問題；極度有可能是對方刻意為之的完美人設。**

破解常見的三種渣男人設

談到完美人設，「貝理詩的練愛筆記」主筆、「迷鹿即興排練場」創辦人張念祖也曾在節目中跟我們介紹過，渣男在架設人設時有以下三種基本型：帝王型、詩人型、浪子型。而破解、辨識出這些渣男人設，除了是為了讓好女人順利禦渣，好男人們不妨也可以簡單學幾招起來，增添生活情趣。

一、帝王型

霸道總裁就是這一型的人設，他通常有很多資源，可以給你很多東西。如果你是一個被壁咚、送你一份大禮之後，就會完全被收服的女生，或許該反向思考一下「為什麼自己總是會愛上這樣的人？」念祖說，其實不論男女，人的天性就是有一部分不想要負責任、想要偷懶不用做決定。所以如果總是愛上帝王型渣男，很可能你就有潛藏這樣的人格特質：極度順從，總是希望對方能幫你決定一切，不想負責。為此，若想打破這種無限輪迴，重點就是要發現這一點，調整信念。

另外，請相信我，一般有禮貌的正常男生，不會胡亂幫你決定事情、不會這麼霸道，所以，這種總是不尊重你個人意見的男生，一定有問題。

至於給好男人的建議，如果你與另一半的相處有一點無聊，或許可以稍微學習霸道一點。例如：以往一同出外用餐時，都會讓女方自行點餐，不妨偶爾試試「今天都我來點！」的策略。當然，這要視情況使用，如果對方是大女人型，或許這招就不適用了。

二、詩人型

念祖說，這一型就是藝術家型，總是表現出超有才華但不得志，進而會吸引很多女生想要去拯救他。「外界都不知道你的好，只有我懂你，我知道你有一天一定會成功，所以我會陪著你。」遇到詩人型渣男時，各位好女人心中是否都有這種OS呢？如果有，要小心了！

詩人型渣男很懂得勾起女生的母性，而在這樣一來一往中，往往會讓女生覺得自己很厲害、很偉大，因此陷得更深，甘願為他奉獻一切。然而，念祖誠心奉勸總是無法抗拒詩人型渣男的女性，如果最終還是決定要奉獻，可以！沒問題！但一定要設下一個「最高消費」，消費完如果不見起色，就果斷地放棄他吧！不要最後人財兩失，非常不值。

如果好男人想要有詩人型的表現，就是要像詩人一樣，偶爾出其不意做一些浪漫的事情，例如：突然約個小旅行、突然送一朵鮮花，或是表現某一種才華，所以多多培養自己的興趣和專長很重要，不要只會打電動，更能讓彼此的感情加溫哦！

三、浪子型

電影《當男人戀愛時》的男主角，就是最佳浪子型的代表，他會給女性一種極大的反差，就是在外面很凶悍，但只有對你很溫柔。因而讓女生產生了一種錯覺「浪子竟然為我回頭了，我覺得自己高貴而偉大。」念祖說，請各位好女人一定要放棄這種想法，雖然真的有「浪子回頭金不換」的成功案例，但是大部分的真實情況是：浪子就是浪子，既然浪子會回頭，就會再回頭去做他以前做過的事情。

想像一下電影情節，如果你天天都要和男主角那樣相處，生活受得了嗎？這種高潮迭起的感情生活，還是留在電影裡面觀賞就好；除非你就是喜歡這種充滿刺激和冒險的生活。

各位好女人，**如果你發現自己總是對某一種渣男特質無法抗拒，總是掉進無限輪迴，不妨趁此好好檢視自己，是否有某種隱藏的心理需求沒有被滿足？**

- 帝王型：極度順從的個性，覺得自己沒有能力，也不配為自己做任何決定？
- 詩人型：總是母愛大爆發，想要滿足自己「被他人需要的感覺」？
- 浪子型：喜歡生活充滿刺激，認為只有轟轟烈烈的愛一場，才有活著的感覺？

無論以上的答案是什麼，希望大家遇到渣男之後，除了咒罵對方、傷心欲絕，更重要的是回頭檢視重新認識自己，找出問題的核心，才能避免自己一再遇到錯的人。

路隊長說

- 渣男的甜言蜜語是致命毒藥，不要被甜言蜜語給沖昏頭。
- 懂得辨識渣男，其實也是在重新認識自己；「遇渣」不要怕，懂得「禦渣」就可以了。
- 渣男、暖男一線之隔，不要輕易落入他們的完美人設陷阱中。

好女人情場攻略
節目建議收聽

S2_EP096

S2_EP214

05／用DISC指標快速分析，眼前的他是哪一種類型？

#除了渣男、暖男，男人還有什麼類型？

前面提到男人來自火星的溝通重點，這篇則是要繼續和各位介紹在這個火星之下，男人又可以分為哪幾種類型，以及根據這些類型，好女人們要如何掌握溝通重點，好好的跟你的男人「談」戀愛，做好溝通，攜手相伴一輩子。

節目中我們曾邀請知名企業內訓講師、授課時數超過八千小時以上，同時也是脫口秀即興喜劇演員的歐耶老師，他是使用DISC人格特質，亦即：D（Dominance，支配型）、I（Influence，影響型）、S（Steadiness，穩定型）、C（Compliance，順從型），來教大家如何透過觀察，分析出男人的四種基本類型。

相信不少人都做過這個人格分析測驗，不過分析男人不用紙本問卷，只要根據一下兩個指標，就能快速分析眼前的他，究竟是什麼類型喔！

【平常互動】：

（1）偏理性：談事情多。

（2）偏感性：談感覺多。

【講話或做事速度】：

（1）慢的：問他問題時，要想一下，經常用「恩啊」回覆。

（2）快的：不只說話快速，還能快速反應。

根據以上四個變因，可以劃分成以下四種：

一、偏理性＋快的：支配型（D）

支配型人格的說話方式，有幾個特色：

（1）沒有耐性聽別人長篇大論，經常在聊天到一半說「好，停，所以重點是？」

偏感性	偏理性	
影響型（I）	支配型（D）	速度快的
穩定型（S）	服從型（C）	速度慢的

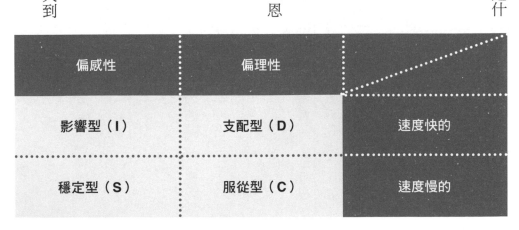

（2）很容易句點別人，回應通常是單字：「對」、「是」、「好」、「要」等。

他們就像老虎，很愛下命令和指導棋，主宰他人，決定事情的方向。有時，他會希望你聽他的，但不是為了逼你委屈自己，而是他真正覺得自己的決定永遠都是對的，既然是對的，沒有理由不去做啊。

那麼，要如何和支配型男人互動呢？首先，給他「明確」的問題，不要問那種「你愛不愛我？」的感性問題，他只會回答「愛」，其他的都回答不出來，甚至會覺得這種問題很沒有意義。

一般來說，他們不會聊天，也不愛聊天，為此，**若想要和他產生一些連結，最好的說話方式，就是像和主管報告一樣，亦即「把往來關係公式化」**，例如：「不好意思，打斷一下有件事情很『重要』……」；和他說話時記得加上「重要」這個關鍵字，因為他只聽重要的事情，但這句話之後，請一定要說重點，如果說完之後還是在談情緒，或其他模糊的事情，他一樣會感到不耐煩。

另外，當你想要請他幫忙做事情時，例如：修馬桶，不要跟他說「老公，馬桶有點不通，去清一下。」這樣說，他是不會去的，因為控制型的人會覺得自己是要幹大事的人，清馬桶這種小事，時間排序上，怎麼會叫他去清馬桶呢？而歐耶老師建議，同樣一件事情，只要在表達方式上把價值和嚴重性提高，就能說服支配型男人去做，比如：「老公老公，馬桶爆炸了，水都噴出來了，只有你能救我們」，同時在他完成後給予肯定和鼓勵，他就會覺得完成的這件小事，其實也是一件很重要的大事。

二、偏理性＋慢的：服從型（C）

這類型的男人服從教條規則，擅長分析，凡事謹慎小心，講求實事求是的做事方法，簡單說，也就是大部分理工型的男生類型。你講笑話給他聽，他只會擺著一張撲克臉，然後冷冷地問：「請問笑點在哪裡？」

在人際關係上，由於重視就事論事，所以不太圓融有彈性，不過多半仍是有禮貌、有氣質、文質彬彬的互動方式，但是永遠不知道他在想什麼，幾乎感受不到他的情緒，充滿神祕感，就好像日本動漫《鬼滅之刃》裡面的富岡義勇，充滿神祕的帥，會默默受到很多女生喜愛。

然而，這種人如果在談戀愛時問他「怎麼了嗎？還好嗎？有話怎麼不說？」典型的回答多半是：

「該怎麼跟你說呢？」
「嚴格說起來，也不算是心情不好。」
「總之，我會自己想辦法解決。」

這些等於沒說的回答。（笑）但雖然互動起來冷冰冰的，不過服從型男人很可靠，他們注意細節、精確性和邏輯性，所以當你想要買東西時，他會提供詳盡的比較文；很容易挑出對方的語病，精準吐槽，有時候聊天起來也會蠻有趣的。

至於要如何和這樣的男人互動？重點就是**「明確告訴他為何要做？」**例如：要請他幫忙修馬桶時，可以列舉出為什麼由他來修馬桶是最好的決定，比如：省錢、效率高（不用等工人來修）、馬桶必須馬上使用、水淹出來會影響到地板等等。

總之，他喜歡分析，所以你也可以將計就計，與他溝通時也拿出分析和條理，他自然也就比較容易買單了。

三、偏感性＋快的：影響型（I）

影響型男人，很愛聊天、很愛分享，有他在的時候，氣氛都很輕鬆，他每天都是像孔雀開屏一樣，吸引著眾人目光。很在乎人際互動、在乎現場的氣氛是不是好的，是眾人的開心果，但如果他心情不好，所有人也會不開心，因為他很容易表現自己的情緒。

由於會滔滔不絕的說話，所以可能不太有時間觀念，也不太會說重點；如果在談話過程中，突然問他剛剛說什麼，他會回答不出來。也正因如此，和他說話時不要過度討論細節，你自己要懂得聽出話中話，自行歸納重點和細節。

和影響型男人互動的重點只有一個，就是**「多讚美他，讓他 show」**。靜靜地聽他說就好，並用一種崇拜的眼神看著他，不時發出「嗯亨嗯亨」並點點頭，他就會覺得「你這個女人很好聊耶！」因為你的表現，滿足了他愛說話的欲望。

另外，繼續以修馬桶的為例，想要請這種男人幫忙修馬桶，非常容易，就是以稱讚的方式詢問，比如：「之前水槽堵住你修得又快又好，我想你應該也會修馬桶吧？」他在修得過程中，可能也會一直講話，所以別忘了，待在他旁邊時不時讚美他哦！這樣之後，他會更願意為你服務，再多馬通他也修。

四、偏感性＋慢的：穩定型（S）

穩定型男人，基本上就是「暖男」代表，每天都會陪你回家，和你暢所欲言，溫柔地聽著你說話，但不會給你太多建議。為什麼呢？因為他需要比較多的思考時間、反應慢，因此通常無法即時給予太多建議。

正因如此，與這種人互動的重點，就是：**不要問他「該怎麼辦？」而是「明確告訴他該怎麼做。」**繼續以修馬桶為例，想請他幫忙修馬桶時，不妨先幫他把需要使用什麼工具和方法的資料查好，直接給他，因為如果他本身不會修馬桶，可能需要再花一段很長的時間上網查找資料，再消化這些資料，屆時馬桶水可能也淹滿地了。

此外，穩定型的人可以重複做一件很無聊的事情，而且不會抱怨，因此，雖然相處起來會有點無聊，但絕對會是個好老公和好員工。他們也十分慢熟，因此請給他時間信任你；一旦信任之後，他對你就會是一輩子信任。

總之，和他們相處就是多用「引導」的方式了解對方需求，化被動為主動，以及要有耐心，表現出真誠友善，支持他那種慢條斯理的感覺。

男人的「溝通能力」是後天演化的

歐耶老師最後補充說明，其實想要和男人好好溝通，最簡單的作法，就把男人當成寵物就好。試想，想要和狗狗溝通時，就要用和狗狗溝通的方式，例如：摸摸他、抱抱他，這對男性來說，是比言語更直接的溝通方式；狗狗不會說人話，硬要男性去做好溝通，表達自己，其實是強人所難，男人再怎麼講，都無法達到女人的水平。

當然，以上這個論述，是以原始生活的角度出發。人類文明發展至今，男人也逐漸開始懂得說話了，為什麼呢？因為現在的環境，必須懂得和女性溝通，才會有繁衍後代的機會；所以對男性而言，學會溝通是演化的一部分。

而以上四種類型，也只是大致分類，且是受到後天社會化的影響，因此，如果各位好男人覺得和你的女人有溝通上的問題，只要有自覺的刻意練習、願意做出改變，關係絕對是有機會改善的。

（內容歐耶老師的論述出處來自於《性格的力量 喚醒你的 DISC 成功密碼》郭騰尹／創建文化 2016 年出版）

路隊長說

- 這四種類型沒有好壞之分，關鍵是願不願意知道類型之後，改變與他的溝通方式。
- 溝通雖然很人性，但也需要刻意練習，才會有所成長。
- 如何有效改善親密關係？說到底，只要兩人肯為彼此做出一點點改變，就可以了。

戀愛軍團軍師介紹
#13

Who is 歐耶老師？

現任＜起初文創＞表達訓練總監、即興訓練引導教練、Comedy Club 脱口秀即興喜劇演員、互動即興劇團【新激梗社】藝術總監，抹抹荼荼的爸爸。

以「有效 始終 來自於 有笑＋有用＋有感」的教學理念在各大企業擔任講師，演講時數達 8000 小時以上，聽講人次超過 25 萬人。

FACEBOOK
歐耶

好女人情場攻略節目建議收聽

S2_EP126

S2_EP127

06／不要當傻女孩！看清男人不想確認關係的理由

#為什麼你的男人只給曖昧不給承諾？

「我和他曖昧很久了，甚至也發生關係了。但卻不給我明確的關係界定，到底為什麼？」

「到底為什麼男人總是不想給個名分？」

「他只是想跟我玩玩嗎？他對我是認真的嗎？要如何判別？判別之後，又該怎麼做呢？」

許多好女人都有上述困擾，就是在曖昧很長一段時間之後，男方一直不給承諾；雖然很多時候，好女人自己也是心知肚明，對方可能就只是把她當成砲友。但所謂「愛到卡慘死」，有不少好女人或許仍期待著，對方是因為基於某些原因，而不願意給出承諾吧？

高價值女神養成班總教練「林品希」在節目中曾經談到，大致上，不願意給出承諾的男人，絕大部分都是「高段男生」，他們交往原則是三不：不主動、不負責、不拒絕。

- 很擅長製造曖昧，但不會主動追求；他認為，是你被他吸引過來。
- 可以有親密的行為，但不想負責任。
- 不會拒絕你對他的好感，但也不給明確的承諾。

品希說，以上這樣的男人，的確有一部分是「騎驢找馬」，為了好玩或是養備胎等，不想為了一棵樹放棄了整座森林。為此，如果你真的愛上這種男人，就要把自己變成「神木＝價值連城」，讓他知道你這棵樹非常太厲害，勝過其他人。

但是，也有**另外一部分的男人，之所以不願給承諾，其實是對自己很迷惘，不知道自己想要什麼樣的女人，有點類似找工作，還在探索中；因為他知道一旦承諾，就要認真負責到底，因此就更害怕確認關係了。**

品希認為，對於這樣的愛情觀，其實沒有絕對的對錯之分，因為談感情本來就是兩個人的事情，外人很難評價。不過，她想和好女人傳達一個觀念，那就是：

不只有男生可以在愛情中探索，女生也應該如此：多跟男生約會、吃飯、聊天，才會知道自己和怎樣的男生是契合的，怎樣的男生和你的價值觀是一樣的，多方認識。與此相對，只認識一個男生之後就結婚，待婚後才發現價值觀嚴重不合，屆時受到的痛苦和難受，是更棘手的。

總之，各位好女人請盡情探索愛情，但也別忘了在愛情中保護好自己，究竟自己能接受的界線在哪裡，看清對方說的是事實還是謊言，非常重要。以下，是品希為我們分析三種常見男人不想確認關係的理由，你可以趕緊檢視一下，你的他是否也這樣說過呢？

一、「我覺得我們現在這樣的狀態就很好呀！」

這句話會讓女生覺得「如果我輕舉妄動，再多問一句、逼迫你多說一句，你就會覺得不好了，你就會離開我了」，因為「現在」是最好的。男生藉由這句話弄出了一個框架，會讓女生覺得害怕，「往前」或「往後」都會變成不好的。因此，還是乖乖的待在框內，享受當下，是一種能拖則拖的拖延術。

二、「上一段感情傷得我太深了，所以不敢輕易地再投入下一段感情。」

說出這句話的作用，是想要激發女生的「憐憫之心」，讓你心疼他之前受傷；

女生因為同情，就更不會逼著他去穩定關係。而最可怕的，這句話會讓很多好女人自己跳進去，和他前女友成為競爭模式：「前女友傷他這麼重，我一定不能重蹈覆轍，做跟前女友一樣會傷害他的事情，所以現在能做的，就是不要逼迫他做決定」；而實際上這種理由，又是男方設下的框架，希望女方跟他一樣享受當下就好。

三、「我覺得戀情公開會很麻煩，我不想要製造麻煩。」

很多女生聽到這句話之後，便自行腦補「他可能想專注在其他事情，比如：工作，不想要被外界干擾太多。」同時，這句話也有個心理暗示：「讓你感覺自己是他檯面下的女人，你們的關係有一種神祕、特別、刺激、不能被展露出來的感覺。」然而，這種心理暗示，只是讓你誤以為自己是特別的。雖然這種套路，短期內不少女生是會接受且相信的，覺得自己是他藏在口袋中的小寶貝，但說穿了，就是你見不得人，不是正宮。

以上，如果發現你現在的曖昧對象，是用以上三種理由或類似理由，在推託你們兩人之間的關係確認，可能就要小心了，也許他對你就真的只是砲友關係。

逆轉勝，把自己從「砲友」變成「女友」

雖然直接說這個結論，對於想要從砲友變女友的人有點殘酷，但根據某項調查，詢問男生會把砲友變成女友嗎？結果有高達75％的男人回答：不會；即便外型、臉蛋、相處情形都覺得不錯，也不會考慮。為什麼呢？反向思考一下，女生會把「工具人」和「男友」分得很開，同樣地，男生一開始有會把「砲友」和「女友」分清楚。男生的想法是：如果我能輕易和你發生關係，那表示其他人也可以。那麼如果穩定交往後，我會不會有被帶綠帽的可能。

因此，很殘酷地說：一開始的定位，就決定了你的未來。各位好女人們，千萬不要以為發生了關係，男人就會願意跟你在一起，只有性是沒有用的，因為說實在的，性慾，男人靠自己也可以解決。當然，品希也明白，對於已經和對方發生關係的部分好女人們，還是希望有機會和對方修成正果；那麼，可以怎麼判別、怎麼做呢？

一、站在男生的角度思考，我所擁有自己的優勢是什麼

男人和你在一起之後，你可以如何為他「加分」，比如：他帶你出門會不會很有面子？你是不是能為他的事業加分？他累的時候，你是不是能足夠體貼，照

料他的生活和三餐？每個男人要的加分題不一樣，所以你要找出自己的優勢，是其他女人所無法提供的。

雖然愛情是互相的，且沒有一個人是完美無缺，但是，當你能展現自己的好處多過壞處時，對於男人來說，就給了他一個想要穩定關係的充分理由。

二、一定要讓男人透過努力，才能得到你這個獎賞（性）

關於這一點，對於已經發生關係的狀態來說，某部分很難翻身，但可以透過「態度」扭轉，就是：態度要夠灑脫，必須要到「好啊，我們做愛可以做，但是生活上我完全不打擾你」的態度，男生就會覺得「通常其他女生都像麥芽糖一樣，為什麼這個女生不會？」甚至會引起男生開始思考「是我自己不夠好嗎？是不是還要再努力」，反而讓他有被拋棄的感覺。

那麼具體來說，從「砲友變女友」的轉換過程，該怎麼做呢？例如：以往他傳訊息給你「那你現在有空嗎？」你都是秒讀秒回，現在請「不讀不回」或「已讀不回」，男生就會開始思考，還要用什麼招式，才能把你約出來；也就是說，讓男生願意付出一些努力，時間來陪著你其他的生活，才能獲得獎賞（約會、見面、性）。基本上，要讓一個男人願意為你想其他招式時，你才會有逆轉勝的機會。

當然，這一招也有可能會失敗，就是對方真的對你一點意思都沒有，就只是想純粹當砲友，所以你不讀不回，他就去找其他人了，這也不無可能。因此，品希認為每個女人都要想清楚自己到底要什麼，然後不要糾結。如果你很享受與他發生關係，那就繼續；如果不想，就斷乾淨。要相信，這世界上樹這麼多，不會只有這一個男人能滿足你。

三、開始跟別的男人約會，讓他產生危機意識

讓他開始覺得約你很難，進而產生危機意識，有可能會被別人搶走，就會開始珍惜你。當然這一招和上一招有著一樣的風險，不過一樣，你到底對於這段關係，最終想要發展到哪裡，停止在哪裡，其實都是你自己可以決定的。前提是：想清楚就好，然後不要後悔。

總的來說，大部分男人不想確認關係的情況，都是「純粹想玩玩」居多。一個愛你、珍惜你的男人，一定會想盡辦法與你確認關係，做出承諾。但誠如本篇一再提到的看法，在愛情之中沒有絕對的對或錯，只要自己想清楚要什麼、設立好停損點、不後悔、不要讓自己遍體鱗傷再退場，那麼享受每個當下的美好，也未嘗不可。

路隊長說

- 當男人說喜歡你，但並沒有非要你不可時，代表他正在騎驢找馬；讓自己成為馬子，不要一直當驢子。
- 最重要的並不是你和男人約會的時間，而是約會之後，他想你的時間有多少。
- 與男人相處的重點，不是聽男人說什麼，而是看他能為你做什麼。

好女人情場攻略
節目建議收聽

S2_EP.055

後記一

由宇宙來的靈感，也是我送給這個世界的禮物

今年，「好女人的情場攻略」這個 podcast 節目正式邁入第三年。

現在回想起來，真的是一個很不可思議的冒險旅程。

回想三年前，我剛經歷人生中第二次創業失敗。創業失敗（失業）後的幾個月，我瘋狂嘗試各種創業機會，包括跑到花蓮去看薑黃田、坐高鐵到高雄洽談辣椒醬代理、參觀家庭代工的水晶工廠，最後甚至考慮過乾脆去夜市擺攤……

或許是個性的關係，當時的我，雖然得到了幾個來自職場的工作邀約（上班族），卻還是破釜成舟，再次踏上我的創業人生。

當時的感覺，就像走在一條黑暗的隧道裡，不知道出口在哪裡，前方也遲遲

沒有出現引路的光芒。

但某天早晨我在冥想時，突然接收到宇宙的訊息，跟我說了一聲：「去做podcast」

在此之前，我對podcast幾乎沒有什麼概念，但當我聽到這個聲音後，馬上就開始著手研究（畢竟當時失業在家也沒什麼事好做！）

不過，要做什麼主題呢？

我又想起過去的好幾年，我固定在假日玩票性質的主辦「非誠勿擾快速約會」，看過數千對男女聯誼，不知不覺，也累積了很多關於約會的各式知識和經驗，可以分享給大家。

我也想到，身為兩個女兒父親的我，如果我能做一個專門給女生聽的感情節目，那他們長大時，有任何對愛情的疑難雜症，身為老爸的我，都已經邀請各方大神來賓錄製好內容，隨時可以聽，並得到解答，那會是多酷、多有意義的事！

我是你堅強的後盾，請你不要輕言放棄

我覺得這本書出現的時間很正確，它除了是我送給女兒未來的成年禮，更像是我這三年的人生總結。

我覺得，人生當中的所有經驗，不論成功或失敗，都是很珍貴的養分。我雖然過去十幾年經歷了好幾次創業失敗，但從來沒有懷疑過自己，也從未放棄希望，因為我相信總有一天，自己可以成功做出一點什麼事情。

我也衷心希望，每一位曾經在愛情中受挫的你，永遠都要懷抱希望，肯定自己、愛自己，幸福很可能就發生在下一秒鐘，我一直這樣相信著，我們的等待不是繞彎路，一切都是最好的安排，就像這個節目的誕生一樣。

最後，本書的順利完成，我要特別感謝幸福文化的全體夥伴們；每位登場過我們節目的來賓，謝謝你們，無私地跟好女人好男人聽眾分享你們的乾貨。

本書收錄了我和13位來賓兼好友（戀愛軍師）的對談：Lily老師、小紀老師、哈拉老師、宇寧、Ann、念祖、品希、林慧老師、Vito哥、寶哥、歐耶老師、豐翔哥、文齡，謝謝你們，大方地授權談話內容給予本書收錄。

感謝「好女人情場攻略」從創辦至今，所有曾協助過我的小幫手：帝瑋、恩莛、繹方、欣容、映綺，謝謝你們的付出。

當然，還有每晚睡前、早上搭捷運、運動時……收聽的好女人、好男人，為了你們，我會持續努力地製作出優質的內容，接下來，請繼續期待我們強悍的來賓陣容！準時收聽「好女人情場攻略」。

我想將這本書獻給我的家人——我的爸爸媽媽，老婆 Crystal 和兩個可愛的女兒 Emily、Melody。

如果沒有你們的支持、陪伴和包容，就沒有「好女人的情場攻略」。

祝福每個正在追求愛情的這條路上，永不放棄的你。

相信愛情，就會遇見愛情！

好女人的情場攻略，那我們就……下次見！

好女人的情場攻略

作　　者：路隊長
文字整理：周書宇
責任編輯：黃佳燕
封面設計：@ Bianco_Tsai
內文設計：王氏研創藝術有限公司
內頁插圖：王柏峻

總 編 輯：林麗文
副 總 編：梁淑玲、黃佳燕
主　　編：高佩琳、賴秉薇、蕭歆儀
行銷企畫：林彥伶、朱妍靜
印　　務：江域平、黃禮賢、李孟儒

社　　長：郭重興
發行人兼出版總監：曾大福
出　　版：幸福文化／遠足文化事業股份有限公司
地　　址：231 新北市新店區民權路 108-1 號 8 樓
網　　址：https://www.facebook.com/happinessbookrep/
電　　話：（02）2218-1417
傳　　真：（02）2218-8057

發　　行：遠足文化事業股份有限公司
地　　址：231 新北市新店區民權路 108-2 號 9 樓
電　　話：（02）2218-1417
傳　　真：（02）2218-1142
電　　郵：service@bookrep.com.tw
郵撥帳號：19504465
客服電話：0800-221-029
網　　址：www.bookrep.com.tw

法律顧問：華洋法律事務所　蘇文生律師
印　　刷：通南印刷有限公司
初版一刷：2022 年 11 月
定　　價：380 元

國家圖書館出版品預行編目資料

好女人的情場攻略 / 路隊長著 . -- 初版 . -- 新北市：幸福文化出版社出版：遠足文化事業股份有限公司發行，2022.11

ISBN 978-626-7184-39-4(平裝)

1.CST: 戀愛 2.CST: 兩性關係

544.37　　111014989